나쁜 사회

The Matthew Effect : How Advantage Begets Further Advantage by Daniel Rigney
Copyright © 2010 Columbia University Press
All rights reserved.
This Korean Edition is a complete translation of the U.S. edition, specially authorized by
the original publisher, Columbia University Press.
Korean edition copyright © 2011 by Book21 Publishing Group
This Korean edition was published by arrangement with Columbia University Press,
New York through KCC(Korean Copyright Center Inc), Seoul.

이 책은 (주)한국저작권센터(KCC)를 통한
저작권자와의 독점계약으로 (주)북이십일에서 출간되었습니다.
저작권법에 의해 한국 내에서 보호를 받는 저작물이므로 무단전재와 복제를 금합니다.

KI신서 3541
**나쁜사회**

**1판 1쇄 발행** | 2011년 08월 31일
**1판 2쇄 발행** | 2011년 09월 30일

**지은이** 대니얼 리그니 **옮긴이** 박슬라
**펴낸이** 김영곤 **펴낸곳** (주)북이십일 21세기북스
**출판콘텐츠사업부문장** 정성진 **출판개발본부장** 김성수 **경제경영팀장** 류혜정
**책임편집** 민용희 · 김동석 **해외기획** 김준수 조민정 **본문디자인** 박현정
**마케팅영업본부장** 최창규 **영업** 이경희 박민형 **마케팅** 김현유 강서영
**출판등록** 2000년 5월 6일 제10-01965호
**주소** (우 413-756) 경기도 파주시 교하읍 문발리 파주출판단지 518-3
**대표전화** 031-955-2100 **팩스** 031-955-2151 **이메일** book21@book21.co.kr
**홈페이지** www.book21.com **커뮤니티** cafe.naver.com/21cbook
**트위터** @21cbook **블로그** b.book21.com

ISBN 978-89-509-3297-8  03320
책값은 뒤표지에 있습니다.

이 책 내용의 일부 또는 전부를 재사용하려면 반드시 (주)북이십일의 동의를 얻어야 합니다.
잘못 만들어진 책은 구입하신 서점에서 교환해 드립니다.

평등이라는 거짓말
# 나쁜 사회

대니얼 리그니 지음 | 박슬라 옮김

www.book21.com

무릇 있는 자는 더욱 받아 넉넉하게 되되
없는 자는 그 있는 것도 빼앗기리라.

마태복음 13장 12절

**차례**

서문 _ 8


## 1 마태 효과란 무엇인가
용어의 유래 _ 18
모노폴리 게임의 비유 _ 21
절대적 마태 효과, 상대적 마태 효과 _ 25
머튼의 마태 효과 _ 32


## 2 과학과 기술 분야의 마태 효과
과학 분야의 마태 효과 _ 53
기술 분야의 마태 효과 _ 62


## 3 경제 분야의 마태 효과
마태 효과의 경제적 메커니즘 _ 73
순환적 인과와 마태 효과: 뮈르달과 머튼의 만남 _ 86

## 4 정치와 공공정책 분야의 마태 효과
정치 분야의 마태 효과 _ 100
공공정책의 마태 효과: 조세법 _ 119

## 5 교육과 문화 분야의 마태 효과
교육 분야의 마태 효과 _ 135
문화자본의 집적 _ 146

## 6 의의와 결론
마태 효과: 자연법칙인가, 사회적 구조인가 _ 154
마태 효과의 사회적 편익과 비용 _ 158
평등주의와 불평등주의의 전통 _ 163
대항력 _ 169
결론: 거위와 황금알 _ 179

## 부록: 경제적 불균형의 추이
미국의 경제적 불균형은 심화되고 있는가 _ 186
전 세계의 경제적 불균형은 심화되고 있는가 _ 197

주 _ 209
참고자료 _ 218

## 서문

이 책은 일반 독자에게 마태 효과(Mattew Effect)를 간결하고 명쾌하게 설명하기 위해 썼다. 마태 효과는 사회과학 이론에서는 가장 중요한 원리 중 하나이지만 일반 대중에게는 낯선 개념으로, 사회적 우위(優位, advantage)가 더 나은 우위로 이어지고 사회적 열위(劣位, disadvantage)는 더 못한 열위로 이어짐으로써 시간이 지날수록 가진 자와 못 가진 자 사이의 격차가 심화되는 현상을 일컫는다. 이 용어는 40년 전 컬럼비아 대학교의 저명한 사회학자 로버트 머튼(Robert K. Merton)이 빈익빈 부익부 현상을 설명하면서 처음으로 사용했다. 그러나 마태 효과는 경제 분야에 국한된 현상이 아니라 우리의 사회구조 전반에 걸쳐 나타난다. 따라서 이 원리는 불평등의 사회적 힘을 전반적으로 이해하는 데 반드시 필요하다.

머튼이 용어를 만든 이후 수십 년 동안 사회학과 경제학, 정치학, 교육심리학, 심지어 생물학에서도 마태 효과에 관련된 연구가 진행되었다. 이처럼 다방면에 걸친 논문들이 부분적으로는 사회과학 분야의 기본 원리 하나를 가리키고 있는 것처럼 보인다. 하지만 결코 통합되거나 일관성을 갖추지는 못했다. 이 책은 이처럼 다양한 분야에서 부분적으로 이루어진 연구결과를 체계화하고 주요 성과를 제시함으로써, 21세기에 접어들어 급격히 심화되고 있는 사회적 불평등 현상에 지속적으로 맞서는 사회과학자와 정책 입안자, 학생, 일반 시민들이 쉽게 접근할 수 있도록 했다.

일반 독자도 읽을 수 있는 전문적이지 않은 개론서를 목표로 했기에 이 책을 읽는 데 폭넓은 배경지식이 필요하지는 않다. 마태 효과의 더 전문적이고 수학적인 측면에 흥미가 있는 독자라면 디프리트와 아이리히가 2006년에 발표한 논문을 참고하길 바란다. 유효한 논문들과 심화 연구에 적절한 출발점을 알려줄 것이다.

이 책이 출판될 수 있도록 도와준 친구들과 동료들에게 진심으로 감사한다. 세인트메리 대학교의 학장인 재닛 디지노와 컬럼비아 대학교 출판부의 편집자인 로렌 도켓은 작업이 진행되는 내내 나를 지원해주었다. 해리엇 저커먼과 조 피긴, 브라이언 슬래터리, 리처드 매컬렉, 빌 슈웨크와 로이 로빈스 등 여러 감수자들이 내게

귀중한 통찰을 제공해주었다. 기술적인 지원을 아끼지 않은 알레한드로 패러다에게도 감사를 표한다. 역사학자인 아내 앨리다 메트캐프와 아들 매튜와 벤저민은 이 프로젝트가 진행되는 동안 사랑과 웃음으로 내 몸과 마음을 지탱해주었다. 이들은 내 삶을 받쳐주는 기둥이다. 마지막으로, 지난 세기의 선각자들인 로버트 머튼과 군나르 뮈르달(Gunnar Myrdal)에게 경의와 찬사를 보낸다. 그들의 혁신적인 이론과 업적은 후대의 사상과 학문에 지대한 영향을 미쳤고, 아직까지도 수많은 이들에게 영감의 원천이 되고 있다. 그들을 기념하며 이 책을 바친다.

| CHAPTER 01 |

# 마태 효과란 무엇인가

—

The Matthew Effect

The Matthew Effect

'빈익빈 부익부'라는 말을 모르는 사람은 없을 것이다. 비록 현실을 지나치게 단순화한 표현이긴 하지만, 우리가 살고 있는 사회가 어떻게 움직이고 있는지에 관한 중요한 단서를 던져주는 말이다. 세상을 살다보면 우위는 더 나은 우위를 가져오고 열위는 더 못한 열위를 가져옴으로써, 가진 자와 못 가진 자의 차이가 계속해서 커질 수밖에 없다는 사실을 깨닫게 된다. 저명한 사회학자 로버트 머튼이 이러한 현상을 '마태 효과'라고 불렀는데, 마태복음 13장 12절 "무릇 있는 자는 받아 넉넉하게 되되 없는 자는 그 있는 것도 빼앗기리라"[1] 라는 구절을 빌려온 것이다.

우리의 사회적 삶에 마태 효과가 존재한다는 사실은 명백하다.

그런데 이 현상을 보다 면밀히 살펴볼수록 점점 더 복잡해지고 모호해진다. 우선 돈이든 권력이든 특권이든 지식이든 또 다른 귀중한 자산이든, 가진 자는 더 많은 것을 갖게 되고 못 가진 자는 가진 것조차 빼앗기게 된다는 말 자체가 보편적 사실이 아니기 때문이다. 때로는 가진 자와 못 가진 자가 똑같이 얻을 수도 있고, 경제가 침체될 때는 가진 자와 못 가진 자가 똑같이 가진 것을 잃을 수도 있다. 그리고 아주 드문 일이기는 하지만, 가진 자가 빼앗기고 못 가진 자가 얻을 수도 있다. 초반의 우위가 반드시 새로운 우위로 이어지는 것은 아니며 초반의 열위가 반드시 새로운 열위로 이어지는 것도 아니다.

여기서 우리는 까다로운 문제에 봉착하게 된다. 특정한 상황에서 마태 효과가 발생하거나 또는 발생하지 않는 이유는 무엇인가? 경제 체제에서 과학 커뮤니티, 학교에서 정치 제도에 이르기까지 다양한 사회적 환경에서 마태 효과가 발생하는 이유는 무엇인가? 마태 효과가 우리 사회에 불평등을 초래한다면 그것은 도덕적, 정치적으로 어떤 의미인가? 마태 효과는 사회적으로 때로 유익한 결과를 불러올 수도 있지만 불공평을 조장하고 분노와 반감을 키우고 심지어는 뒤처진 사람들에게서 폭력적인 반응을 이끌어내기도 한다. 진실로 우리는 혜택 받은 사람들과 빈곤한 사람들 사이에 거대한 간극이 존재하는 사회를 구축하고 싶은 것인가?

마지막으로, 마태 효과와 불평등의 심화는 과연 인간이 통제할 수 없는 영역인가? 그것은 그저 필연적인 것으로 인정해야 할 중력과 같은 자연법칙인가? 아니면 단순히 인간이 만든 사회구조의 산물일 뿐이라서 우리 스스로 선택하고 변화시킬 수 있는 것인가? 우리는 마태 효과와 그 결과를 통제할 수 있을까, 아니면 그것이 필연적으로 우리를 통제하게 될까?

사회적 불평등, 다시 말해 사회과학자들이 사회계층화라고 부르는 것을 연구하는 이들은 개인들과 집단들 사이에서 자원이 불평등하게 분배되는 현상에 대해 여러 가지 요인을 제시해왔다. 어떤 이들은 불평등이 주로 동기 부여와 재능, 그리고 개인의 독창성의 차이에서 기인한다고 주장하고, 또 어떤 이들은 약자에 대한 강자의 완력과 착취에서 불평등의 원인을 찾는다.[2]

그렇지만 실제로 마태 효과에 관한 연구는 주로 불평등의 원인보다는 이런 현상이 꾸준히 지속되고 심화되는 원인과 과정에 초점을 두고 있다. 불평등 현상이 진행되는 메커니즘과 심화 과정을 탐구하는 것이다. 불평등이란 일단 존재하게 되면 영속적이고 자가증식적인 특성을 발휘하게 되고, (외부의 힘이 개입하지 않는 이상) 그 결과 가진 자와 덜 가진 자 사이의 격차가 더 커지게 된다. 이러한 과정을 탐색하지 않는다면 사회계층화에 관한 어떤 이론도 완성될 수 없다.

마태 효과에 관한 연구는 대다수의 사람들보다 특히 선행적인 우위를 만끽하고 있는 사람들을 불편하게 할 수도 있다. 보통 우리는 선천적으로 타고나거나 이후 살아가면서 축적한 우위들이 모두 스스로 노력해 얻은 것이며 그것을 가질 자격이 있다고 믿고 싶어 한다. 한편, 극단적인 사회적 불평등은 비단 우리가 살고 있는 국가 내에서뿐만 아니라 널리 세계 여러 국가와 그 국가들 사이에서 범람하고 있다. 우리가 진정 정직하다면 이 불평등한 체제로 인해 우리 중 일부가 개인적으로 혜택을 누리는 동안 누군가는 지금도 고통에 신음하고 있음을 인정해야 한다. 우리 마음의 한쪽은 어쩌면 이런 문제에 대해 생각하는 것 자체를 아예 거부하고 싶을 것이다. 자신에게 불리한 대답이 나올지도 모른다는 생각에 질문들을 덮어버리고 싶을지도 모른다. 그러나 또 다른 측면에서 우리는―어떤 이들은 그것을 사회적 양심이라고 부른다―타인의 안녕과 공익을 배려하려고 한다. 에이브러햄 링컨이 우리의 본성 중에서 '더 착한 천사'라고 표현했던, 우리 마음의 한쪽은 마태 효과가 어떻게 작용하는지에 각별한 관심을 갖고 그 파괴적이고 치명적인 결과를 중화할 방법을 강구할 것이다.

대다수의 사람들이 인식하지 못하고 있지만 마태 효과는 삶의 곳곳에 스며들어 우리의 미래를 형성하고 있다. 고도로 발달된 산업사회에 사는 우리들 중 대다수는 매우 부유하거나 매우 가난하지 않은, 그 중간의 거대한 회색지대에 속한다. 우리는 어떤 점에서는—유전적, 경제적, 교육적, 또는 사회적으로—상당히 유리한 입장일 수도 있고 동시에 다른 측면에서는 불리한 입장일 수도 있다. 만약 손에 쥔 카드를 현명하게 사용해서 자신의 장점을 최대한 활용하고 단점을 줄일 수 있다면 (또는 단순히 운이 좋다면) 마태 효과는 우리를 더욱 유리한 입지로 밀어 올려줄 것이다. 반면 카드를 제대로 사용하지 못하거나 경제적 불운이나 건강 문제, 가정불화와 같은 예기치 못한 사건이 발생해 삶이 갑자기 붕괴된다면 마태 효과의 강력한 파도가 우리를 파멸의 악순환으로 몰고 갈 수도 있다. 때로는 우위나 열위가 우리를 오르막길로도 내리막길로도 데려갈 수 없을 만큼 미약하여 그 자리에 정체될 수도 있다. 그러나 이 드넓은 중간지대에 속한 사람들은 예기치 못했던 통제 불가능한 사건들과 마태 효과의 비인간적인 메커니즘에 매우 취약하다. 기본적으로 이 책에서 말하는 것은 가장 혜택 받은 사람들과 가장 빈곤한 사람들에 관한 이야기이지만 실제로는 우리 모두에 관한 이야기이기도 하다. 우리는 모두 개인적으로든 사회적으로든 소용돌이에 휩쓸려 상승 또는 하강의 '티핑 포인트'에 도달할 가능성을 지니고 있기 때문이다. 우리의 관심사는 그 메커니즘이 어떻게 작용하고 또 우리의 삶을 어떻게 더욱 향상시키거나 악화시킬 수 있는지를 이해하는 데 있다.

오늘날 국가나 국가 간 정책을 논의하는 데서 마태 효과와 그 사회적 의미에 관한 이해는 크게 부족한 상태다. 특히 역진세율 과세로 회귀하자거나 인권법을 후퇴시키자는 제안 등 최근 눈에 띄는 사회정책들이 이미 가장 우위에 있는 사람들에게 우위를 더욱 집중시키고 있는 상황에서 누적 우위의 역학을 인식시키는 일은 무엇보다 시급하다. 마태 효과는 사회적 불평등(지역적으로든 세계적으로든)의 역학을 이해하고자 한다면 반드시 끼워 맞춰야 할 잃어버린 퍼즐 조각이다. 나의 바람은 이 책이 학자들과 정책입안자, 학생, 일반 시민들에게 사회과학 분야의 가장 중요하면서도 가장 덜 알려진 원칙 하나에 관해 시사하는 바가 많은 입문서가 되었으면 하는 것이다. 그리하여 그들이 거기서 얻은 통찰력을 인도적으로 실천할 방법을 찾게 되길 바란다.

## 용어의 유래

앞서 언급했듯이, '마태 효과'라는 용어는 컬럼비아 대학교의 사회학자 로버트 머튼이 1968년에 우리 사회에서 흔히 관찰되는 경향, 즉 먼저 얻은 우위가 시간이 흐를수록 쌓이는 현상을 설명하기 위해 만들어낸 것이다. 머튼은 특정한 사회체제에서는 선취한 우위가 자가증식을 한다는 사실을 발견했다. 눈덩이가 언덕을 굴러 내려갈수록 커진다는 속담처럼, 자산 역시 시간이 지날수록 더 많은 자산을 끌어당겨 쌓아올리고 그렇게 축적된 자산은 또한 더 많은 자산을 불러 모은다. 머튼은 과학계의 명성에 관한 선구적인 연구를 통해서 명망 있는 과학자와 연구기관이 그렇지 않은 경우에 비해 더욱 큰 관심과 자산을 끌어당기는 경향이 있으며 이를 통해 축적된 명성이 다시 더 많은 자원을 획득하는 것으로 이어진다는 사실을 발견했다.

앞에서도 말했듯이, 마태 효과라는 용어는 마태복음 13장 12절을 차용한 것이다. 이 구절은 마태복음(25:29)과 마가복음(4:25), 누가복음(8:18과 19:26)에도 변형되어 등장하는데, 하나같이 가진 자들은 더 많이 가지게 되지만 적게 가진 자들은 가지고 있던 것마저 빼앗긴다는 내용을 담고 있다.[3] 좀 더 간결하고 익숙한 표현을 빌리자면 '빈익빈 부익부'라 할 것이다. 이 성경 구절들은 표면적으로는 물질적 부를 말하는 듯 보이지만 맥락을 살피면 영적 이해와 재능에 대한 은유로 이해해야 한다.[4] 오늘날 우리가 빈익빈 부익부라고 말하는 것도 항상 물질적 불평등만 일컫는 것은 아니지 않은가. 사회과학자들이 이 용어를 사용함으로써 마태 효과는 경제적 불평등에 국한되지 않고 경제적인 것이든 문화적인 것이든 또는 개인적인 것이든 가치 있는 자산의 불평등한 분배를 증폭하는 현상을 의미하게 되었다.

머튼이 마태 효과를 처음으로 확인한 것은 과학 기관이지만, 그와 비슷한 현상이 넓은 범주의 제도적 환경에서 관찰되었다. 마태 효과에 관한 학술 논문은 사회학과 기타 사회과학, 교육심리학, 법학과 정책학, 심지어 생물학에 이르기까지 놀랍도록 다양한 연구 분야에 등장한다. 특이하게도 보통 마태 효과가 가장 두드러지게 나타날 것이라고 생각되는 경제학 분야에서는 오히려 명백한 자료나 사례가 드문 편이다. 대신 경제학자 군나르 뮈르달의 순환하는 누적적 인과관계와 같이 밀접한 개념은 찾을 수 있다.

마태 효과는 또한 인공지능과 시스템 이론에도 내재되어 있다. 특히 피드백 고리라는 개념이 그것이다. 사회학 초기의 시스템 이론, 특히 탤콧 파슨스(Talcott Parsons)의 1951년 저술에서는 사회의 평형 또는 안정을 유지하는 사회적 과정에 초점을 맞춘다. 이 과정은 인공지능 이론가들이 부정적 피드백 고리라고 부르는 것과 유사하다. 부정적 피드백 고리는 마치 보일러의 자동 온도조절기나 인체의 항상성 유지 대사처럼 안정된 상태를 유지하려 설정치대로 시스템의 움직임을 조절하거나 한다. 그와 반대로 마태 효과는 긍정적 피드백 고리와 유사한데, 설정치에서 벗어나게 함으로써 시스템을 불안정하게 만든다. 이 경우에는 보다 심각한 사회적 불평등을 조장하는 것이다. 피드백 고리와 비선형적 시스템에 관해서

는 뒤에서 더욱 자세하게 이야기하도록 하겠다.[5]

  이 책에서는 여기저기 흩어져 있는 마태 효과에 관한 논문들을 일관성 있게 엮어서 이 현상이 사회제도 전반에 얼마나 폭넓게 중대한 영향을 미치고 있는지 살펴보려 한다. 그럼으로써 우리는 머튼의 성과를 넘어서서 그가 처음 제시한 이래 40여 년이 지나는 동안 다양한 학문 분야에 축적되어온 이 개념을 이해하게 될 것이다. 2장에서는 과학과 기술 분야에서 볼 수 있는 누적 우위의 역학에 대해 살펴볼 것이다. 3장에서는 경제체제에서 마태 효과의 중요성을 검토할 것이다. 4장에서는 정치와 공공정책을, 5장에서는 교육과 다른 문화적 영역을 탐구할 것이다. 마지막으로 6장에서는 자가증식적인 우위에 숨겨진 도덕적, 정치적 의미에 대해 알아본다. 여기서 우리는 마태 효과를 일반적인 사회체제의 작용에 영향을 미치는 사회과학의 법칙으로 여겨야 할지 또는 우리에게 도덕적, 정치적 의지가 있을 경우 대항할 수 있는 사회적 구조물로 여겨야 할지 생각해볼 것이다.

## 모노폴리 게임의 비유

마태 효과의 개념을 확실히 하려면 현대의 우화로 시작하는 것이

유용할 터다. '모노폴리'라는 보드게임을 생각해보자. 게임의 참가자 모두가 균등한 자산을 갖고 게임을 시작한다. 그러나 처음에 존재했던 동등한 기회는 곧 극단적인 불균형으로 대체된다. 어느 정도 기복이 있긴 하지만 게임이 진행되는 동안 대개 더 부자인 참가자가 점점 더 부자가 되고 더 가난한 참가자는 점점 더 가난해진다. 그리고 마침내 가장 부유한 참가자가 모든 자산을 독점하고 가난한 참가자가 무일푼으로 파산하면 게임이 끝난다. 성공한 참가자들은 솜씨와 운을 조합해 수입을 창출하는 부동산을 하나씩 쌓아가고, 이처럼 누적된 우위가 새로운 수입으로 더 많은 부동산을 구입하는 데 투자할 수 있게 도와주며 이는 다시 수입 증가로 이어진다. 이렇게 자가증식하여 눈덩이처럼 커지다가 결국 가장 우위에 있는 참가자가 다른 모든 적수들을 파산시키는 마태 효과로 귀착한다.

사회학자인 레너드 비글리(Leonard Beeghly)는 모노폴리를 약간 변형하여 실제 생활과 보다 비슷한 게임을 상상했다. 비글리의 모노폴리 게임에서는 참가자들이 각자 다른 액수의 돈을 가지고 게임을 시작한다. 어떤 참가자는 5000달러, 다른 이들은 1000달러, 또 다른 이들은 500달러를 가지고 게임을 시작한다고 가정해보자. 5000달러로 게임을 시작한 사람들은 처음부터 상당한 우위를 확보한 채 경쟁에서 앞서 나갈 수 있다. 그들은 도착한 곳에서 모든 부동산을 여유

있게 구매할 수 있고 얼마 안 가 수익을 낼 수 있는 재산의 거의 대부분을 자기 몫으로 소유하게 된다. 한편 뒤따르는 무리들에게는 그런 재산을 소유할 능력이 없다. 그들은 한정된 자산을 주로 대여비로 지불함으로써 땅을 가진 부자들의 주머니를 더욱 두둑하게 불려주고 그 결과 더더욱 가난에 시달리게 된다. 이와 같은 조건에서 확률의 법칙은 실질적으로 확고해진다. 특별히 유리한 행동을 하거나 잘못을 저지르지 않더라도 부자는 더욱 부유해지고 가난한 자들은 더욱 가난해지는 것이다. 초기의 우위가 더 나은 우위로 이어짐으로써 가진 자와 못 가진 자, 아니 정확히 말하자면 더 많이 가진 자와 더 적게 가진 자 사이의 격차는 더더욱 벌어지게 된다.

물론 게임에 참가하는 모든 사람들에게 어느 정도는 성공할 기회가 있다. 그럴 가망이 적고 또 실제로 성공을 거둔 사람이 드물지라도, 더 적은 자산을 가지고 게임을 시작한 참가자가 운과 솜씨를 결합하여 우승을 할 수도 있다. 그러나 부자 참가자와 가난한 참가자에게 성공할 기회가 동등하게 주어졌다고 말하는 것은 통계적으로 오류다. 이 게임의 규칙과 초기 조건은 사실상 게임이 진행됨에 따라 불평등이 심화되도록 설계되었으며, 심지어 모든 참가자들이 초기의 재정적 우위를 제외하고 다른 모든 면에서 동등한 능력과 조건을 지니고 있더라도 결과를 피해가기는 어렵다. 만약 똑같은 재능을 지닌 일란성 쌍둥이가 동등한 실력을 발휘해 게임을 한다 하더라도 더 많은 자산을 가지고 시작한 쪽이 항상 이기게 되어 있다.

미국 사회는 이처럼 왜곡된 모노폴리 게임과 많은 면에서 비슷하다. 미국 사회는 이 게임처럼 주로 물질적 성공을 추구하는 고도의 경쟁적인 세계이며 참가자들은 모두 다양한 수준의 자산을 갖고 출발선에 선다. 그러나 이처럼 초기의 조건 자체가 불평등할 뿐만 아니라 처음부터 특권이 주어진 조건에서 명백한 우위를 선점한 채 시작하는 사람들이 있음에도, 여전히 많은 미국인들은 자신이 평등한 기회의 땅에 살고 있다고 믿는다. 그들은 모든 미국인에게 성공할 기회가 있다는 것과 모든 미국인에게 성공할 기회가 '동등하게' 주어져 있다는 것의 차이를 구분하지 못한다.

첫 번째 문장은 진실이지만 두 번째 문장은 거짓이다. 미국뿐만 아니라 다른 어떤 사회라도 밑바닥 인생이 자수성가하여 부자가 될 수는 있고, 그것이 평범한 일이라는 사실을 증명할 일화도 있을 수 있다. 그렇지만 넝마주이가 부자가 될(또는 부자가 넝마주이가 될) 확률은 부자가 더욱 부유해지고 가난한 사람이 더욱 가난해질 확률에 비하면 거의 없는 것이나 마찬가지다. 신중하게 선택된 흔치 않은 일화들은 이 문제에 관한 통계적 진실을 애매하게 만들 뿐이다. 가끔 사회적 이동이 일어나는 것은 사실이지만, 일반적으로 실질적인 우위를 가지고 삶을 시작한 사람들은 그렇지 않은 이들보다 훨씬 여유롭게 살아간다.

야구에 빗댄 오래된 농담도 있듯이, 어떤 사람들은 투 스트라이크를 맞은 상태로 인생을 시작하는가 하면 어떤 사람들은 3루에서 태어난 주제에 자기가 3루타를 쳤다고 생각하며 산다. 첫 번째 선수는 홈에 도달할 가망이 거의 없지만 반대로 두 번째 선수는 홈에 도달하지 못할 가망이 거의 없다. 야구 통계학자라면 후자가 점수를 낼 확률이 전자에 비해 현저하게 높다는 사실을 입증할 것이다. 설사 이 두 사람의 재능과 실력이 한 치도 다름없다 할지라도 성공 기회가 동등하다고는 결코 말할 수 없다. 합리적이고 견문이 넓은 사람이라면 백만장자의 아들딸과 이주노동자의 아들딸이 경제적 부를 성취할 기회를 동등하게 갖고 있다고는 말하지 못할 것이다. 그럼에도 아직 우리 중 많은 이들이 절대적으로 그렇게 믿고 있는 듯하다. 심지어 어떤 이들은 그것이 명백한 사실이 아닐지도 모른다는 단순한 암시에도 적대감을 내보이곤 한다.

## 절대적 마태 효과, 상대적 마태 효과

모노폴리 게임은 이른바 절대적 마태 효과의 명백한 실례 중 하나다. 부자들은 절대적으로 더욱 부유해지지만 가난한 이들은 절대적으로 더욱 가난해져 결국 파산에 이른다. 한편 상대적 마태 효과는 부자와 가난한 이들이 동시에 부유해질 때 발생하는데, 단 가난한 이들은 부자에 비해 발전 속도가 더디기 때문에 두 집단의 격차는 더욱 벌어지게 된다. 상대적 마태 효과에 대해서는 복리(複利)라는 익숙한 개념으로 설명하면 이해가 쉬울 것이다. 자, 당신과 내가 은행에 연간 10퍼센트의 복리로 각자 돈을 예치했다고 하자. 나는 1000달러를 예금하고 당신은 100달러만 넣었다면 우리 두 사람이 가진 초기 자산의 차이는 900달러다. 이제부터 각자의 예금액이 어떻게 불어나는지 따라가 보자. 시간이 지나면 원금에는 이자가 붙고 이자는 원금에 보태져 다시 수익을 창출한다. 1년 후 내 예치금은 1100달러가 되고, 당신의 예치금은 110달러가 된다. 우리는 둘 다 전보다 10퍼센트 더 부자가 됐지만 예금 액수의 차이는 900달러에서 990달러로 오히려 늘어났다. 시간이 지날수록 이런 격차는 점점 빠른 속도로 커진다. 10년 뒤면 내 계좌에는 2594달러가, 그리고 당신의 계좌에는 259달러가 들어 있을 것이다. 처음에 900달러였던 차이가 이제 2335달러에 이른 것이다. 더 나아가 100년 후면 내 예금은 약 1400만 달러로 불어나 있을 것이고 당신의 예금은 약 140만 달러에 불과할 것이다. 나와 당신이 가진 예금의 상대적 비율은 예나 지금이나 똑같이 10대 1이지만 그 격차는 1200만 달러나 된다. 우리가 처음에 투자한 원금의 성장률은 같다. 그러나 부와 구매력은 백분율이 아니라 통화 단위로 측정되는 것이다. 그런 점에서 나는 당신보다 훨씬 많은 부를 축적하게 되었으며 이는 나 자신의 능력이나 장점과는 아무 관련도 없다. 난 그저 마태 효과의 수학적 흐름을 탔을 뿐이다.

복리의 예는 상대적 마태 효과를 간단히 설명해준다. 두 개의 예금은 똑같은 비율로 증가하지만 원금이 큰 쪽이 실질적으로 훨씬 큰 이득을 얻게 되며 격차는 시간이 지날수록 벌어진다. 현실 세계에서 흔히 볼 수 있듯이, 투자금이 클수록 수익률이 높다면 더 많은 돈으로 시작한 사람과 그렇지 않은 사람의 격차는 더욱 빠른 속도로 벌어진다.

여기까지 투자자의 입장에서 복리에 대해 살펴보았다. 대형 투자자들은 복리를 통해 개미 투자자들보다 훨씬 많은 수익을 올린다. 그렇다면 채무자의 관점에서는 어떤가. 채무자는 미지급금에 대해 이자를 지불해야 하는데, 그 이자 역시 복리로 계산된다. 채무자의 손실은 채권자의 수익이다. 보샤라(Ray Boshara)가 말했듯, "부는 부채와 마찬가지로 자가증식을 한다. 복리는 부유한 이들에게는 더 많은 부를 가져다주고, 빚진 이들에게는 더 많은 빚을 지운다." 채무자는 점점 더 가난해지고 채권자는 점점 더 부유해진다. 특히 채무자가 고리대금업자에게 손을 벌린 경우라면 더더욱 그렇다. 현실에서 빈부격차는 앞의 예시에서 살펴본 것보다 훨씬 빠른 속도로 커지며, 이제 상대적 마태 효과가 아닌 절대적 마태 효과를 유발한다. 부록에서 다시 보겠지만, 많은 개발도상국들이 겪었던 일도 이와 유사하다. 선진국 은행에서 돈을 빌린 후 원금은커녕 이자도 지불하지 못하는 상황에 몰리면 무거운 빚더미만 계속 쌓여가는 것이다. 선진국이라고 복리 부채의 위험에서 자유로운 것은 아니다. 미국의 국채는 최근 10조 달러를 넘어섰고 이에 대한 이자 역시 빠른 속도로 불어나고 있다. 이론상 원금을 갚는 것은 다음 세대의 몫이 될 것이다. 복리와 복리 부채의 역학에 대해서는 다음 그래프(29쪽)를 참조하라.

마태 효과의 역현상은 가난한 자가 부유해지고, 부자가 가난해질 때 나타난다. 역사적으로 이런 현상이 나타나는 경우는 매우 드물지만, 주로 상류층이 폭력이나 비폭력의 수단에 의해 몰락하여 그들의 자산이 가지지 못한 자들에게 재분배됨으로써 발생한다. 이런 경우 (부자가 자신들의 자산과 함께 제거되어버리지 않는다면) 부자와 가난한 자들의 격차는 줄게 된다. 마지막으로 부자와 빈자가 각기 다른 비율로 함께 가난해지는 경우가 있는데, 이는 경제 파이의 전체 크기가 줄어들어 모든 사회계층이 전보다 작은 파이를 갖게 되는 경제 침체기에 발생할 수 있다.

이런 유형들을 더욱 자세히 살펴보면, 개인 또는 집단이 더 부유해지거나 더 가난해질 때 더 많이 가진 자들과 더 적게 가진 자들 사

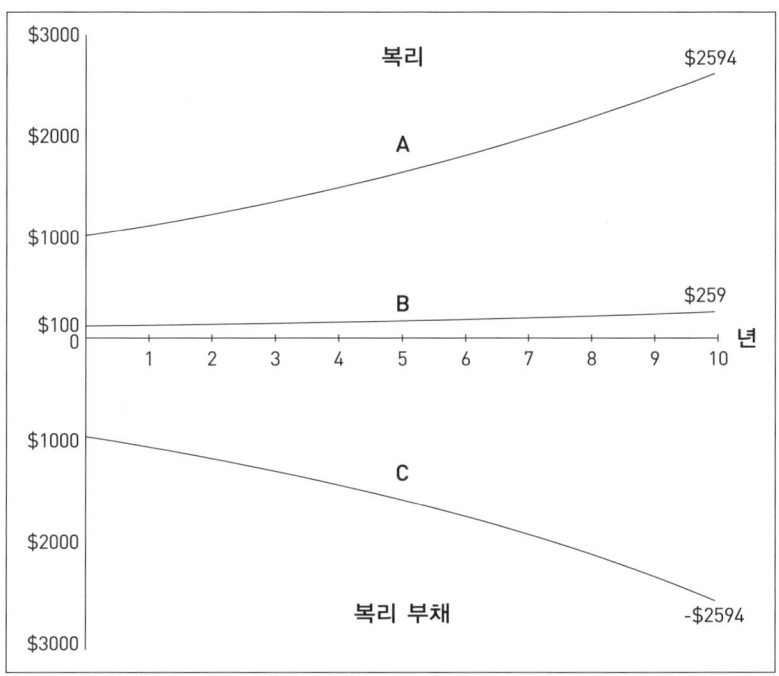

**절대적 마태 효과와 상대적 마태 효과**

위 그래프는 복리와 복리 부채를 통해 상대적 마태 효과와 절대적 마태 효과를 시각적으로 보여준다. A는 10년 동안 1000달러를 10퍼센트 복리로 은행에 예치한 투자자의 자산 추이를 나타낸 것이고, B는 같은 이자율로 100달러를 예치한 투자자의 자산 추이를 나타낸 것이다. A와 B는 상대적 마태 효과의 관계에 있다. 두 투자자는 10년 뒤에 모두 수익을 얻었으며 수익 비율은 10대 1로 일정하다. 그러나 A와 B의 격차가 900달러에서 2335달러로 증가한 것에서 알 수 있듯이 A투자자 쪽이 B투자자에 비해 훨씬 많은 수익을 거뒀다. 한편 C그래프는 1000달러의 대출 원금을 갚지 못한 채무자의 자산 추이를 그린 것으로, 부채에 대한 연간 이자율과 수수료는 10퍼센트 복리다. A(또는 B)와 C는 애초에 우위에 있는 사람이 더 많은 것을 얻고 불리한 사람은 점점 뒤처질 경우 전자가 후자에 비해 절대적 우위를 차지한다는 점에서 절대적 마태 효과의 관계에 있다.

이에 여섯 가지의 하부 유형 또는 관계도가 존재한다는 사실을 알 수 있다. 여기서는 부자도 빈자도 아닌 중간계층은 차치하고 양 극단만을 고려하도록 하자. 스펙트럼의 양쪽 끝에 놓인 두 개인 또는 집단의 자산을 비교할 때 발견할 수 있는 시나리오의 유형은 다음과 같다.

**부자와 빈자의 격차가 벌어지는 경우**
1. 부자는 부유해지고 빈자는 가난해질 때 절대적 마태 효과가 야기됨.
2. 부자는 부유해지고 빈자는 그보다 더딘 속도로 전보다 부유해질 때 상대적 마태 효과가 야기됨.
3. 부자는 가난해지고 빈자는 그보다 빠른 속도로 가난해질 때 상대적 마태 효과가 야기됨.

**부자와 빈자의 격차가 줄어드는 경우**
4. 부자는 가난해지고 빈자는 그보다 더딘 속도로 가난해질 때
5. 부자는 부유해지고 빈자는 그보다 빠른 속도로 부유해질 때
6. 부자는 가난해지고 빈자는 부유해질 때. 이는 절대적 마태 효과의 역현상이다.

절대적 효과와 상대적 효과의 차이를 보다 명확하게 이해하려면 먼저 게임이론에서 제로섬 게임(zero-sum)이라고 부르는 것에 대해 알아야 한다. 제로섬 게임에서는 사용 가능한 자원의 양이 고정되어 있다. 이렇게 닫힌 체계에서 누군가가 얻은 이득은 반드시 다른 누군가가 잃은 손실이다. 즉 승자와 패자의 득실을 더하면 총합은 0이 된다. 이 이론을 제로섬 게임이라고 부르는 까닭도 여기에 있다. 제로섬 게임에서는 상대적 마태 효과가 발생하지 않으며, 부자와 빈자가 둘 다 이득을 얻을 수 있는 윈윈 전략이란 존재하지 않는다. 그런 이유로 경제학자 레스터 서로(Lester Thurow)는 경제 침체기에 모든 사회 부문은 고정된 양의 경제 파이를 놓고 다퉈야 하며, 그 결과 치명적인 갈등과 대립이 발생할 수 있다고 우려한 바 있다. 그보다 더욱 파괴적인 경우는 네거티브섬(negative-sum) 상황인데, 이는 경제 불황기에 모든 사회 부문이 점점 작아지는 경제 파이를 놓고 다툴 때 발생한다.

열린 체계에서는 닫힌 체계와 달리 사용 가능한 자원이 늘어난다. 반드시 그렇다고 할 수는 없지만, 이와 같은 포지티브섬(positive-sum) 시나리오에서는 상대적 마태 효과나 모두에게 유리한 결과가 나타날 수도 있으며, 한 명 또는 그 이상의 참가자가 독점을 시도할 수도 있다. 언젠가 미국에서 비슷한 현상이 일어난 바 있는데, 1977년에서 1989년 사이에 미국 국가세후소득의 60퍼센트(세전소득의 77퍼센트)가

가장 부유한 상위 1퍼센트의 주머니 속으로 들어갔다. 부록에서 알게 되겠지만, 지난 30년 동안 미국 경제의 상황을 평가하자면 대체로 상류층은 부와 소득을 축적하고 중산층은 약간의 부를 쌓은 반면, 빈곤층은 상대적 침체나 절대적 하락을 경험했다.

## 머튼의 마태 효과

과학, 경제, 정치, 교육 분야 등에 나타나는 마태 효과를 분석하기에 앞서, 마태 효과와 다른 중요한 사회이론 개념들과의 관계를 보다 면밀히 살펴볼 필요가 있다. 마태 효과는 결국 우리 사회생활의 작동과 분리해서 생각할 수 없기 때문이다. 이는 로버트 머튼이 걸출한 경력을 쌓아오는 동안 내내 발전시켜온 것으로, 여러 개념들과 그것들이 서로 관계를 맺으며 이루어온 복잡한 네트워크를 구성하는 중요한 부분이다. 머튼의 사회이론 전반에 걸쳐서 마태 효과가 어떤 위치를 차지하고 있는지를 이해하려면 먼저 세 가지 개념을 파악해야 한다.

### 의도하지 않은 결과

먼저, 머튼 이론은 사회적 행위가 종종 의도치 않은 결과를 야기한다는 사실을 강조한다. 머튼은 한 소논문에서 의도치 않은 결과는 그의 지적 삶에서 '영원한 관심사'이자 다른 중요한 구상을 가능하게 한 '핵심적 개념'이라고 설명한 적이 있다. 전통적인 기능주의 이론가인 머튼은 사회적 행위자의 객관적 동기와 의도뿐만 아니라 그것이 발현되는 사회적, 문화적 체제의 지속 가능성에 대한 그들 행동의 주관적 기능과 결과에도 관심을 보였다. 그는 사회적, 문화적 체제가 의도적인 계획만으로 이루어진 것이 아니며 사회적 진화 과정에서 의도치 않게 발생한 결과물이기도 하다고 생각했다.

머튼은 명시적 기능과 잠재적 기능의 중요한 차이를 구분했다. 체제의 구성원이 사회적 현상의 기능이나 결과를 인식하고 있었거나 의도했다면 그것은 명시적인 것이고, 의도하지 않았거나 인식하지 못했다면 잠재적인 것이다. 그런데 머튼은 의도했거나 의도하지 않은 결과를, 인식했거나 인식하지 못했던 결과와 뒤섞음으로써 약간의 혼란을 야기했다. 가설상으로 결과란 의도하긴 했지만 인식하지 못했을 수 있고, 인식하고 있었지만 의도한 것이 아닐 수도 있다. 이 책에서 우리는 인식 여부가 아니라 의도성에 초점을 맞추고 그 사회적 현상의 결과가 체제의 지속 가능성에 긍정적(기능적)인지 또는 부정적(역기능적)인지에 집중하도록 하겠다. 1886년에 고틀리프 다임러(Gottlieb Daimler)가 최초의 가솔린 자동차를 발명했을 때, 그와 다른 사람들이 명백하게 의도했거나 인식하고 있었던 점은 자동차가 말이나 마차보다 빠른 속도로 승객을 한 장소에서 다른 장소로 이동시킨다는 것이었다. 이때 자동차의 가장 명시적인 기능은 효율적인 수송이었다. 그러나 다임러는 자신의 발명품이 또 다른 긍정적 또는 부정적 결과를 가져오리라고는 인식하지도 못했고 의도하지도 않았다. 자동차로 인해서 드라이브인(drive-in)과 드라이브스루(drive-through), 고속도로와 교외 주거지역, 석유 의존과 기후변화의 시대에 들어서게 되었다. 이러한 것들은 다임러와 그의 동시대인들에게 자동차의 잠재적 기능 또는 역기능에 해당할 것이다.

우리는 여기서 몇 가지 교훈을 얻을 수 있다. 첫째, 우리는 한 가지 일만 하는 게 아니다. 실질적으로 모든 사회적 행위는 다양한 결과를 빚는다. 자동차의 사회적 영향은 하나의 시작점에서 모든 방향으로 뻗어 나갔고, 긍정적으로든 부정적으로든 우리 삶의 거의 모든 부분에 영향을 미쳤다. 둘째, 사회적 행위의 결과는 여러 가지 형태로 나타날 뿐만 아니라 때로는 모호하고 심지어 모순일 때도 있다. 자동차는 시간적 거리를 줄여서 물리적 거리를 가깝게 만들었지만 동시에 인간 개개인을 움직이는 작은 공간에 고립시킴으로써 사회적 거리를 늘리고 서로가 서로에게서 쏜살같은 속도로 도망칠 수 있게 해주었다. 마지막으로 사회적 행위의 결과가 우리 사회에 긍정적으로 작용하는지 혹은 부정적으로 작용하는지는 그 사람의 가치관과 이해관계에 달려 있다. 따라서 사람들은 해당 사회체제의 진정한 또는 바람직한 본질을 구성하는 요소가 무엇인가에 대해 서로 다른 인식을 갖게 된다. 예를 들어 한때 대부분의 미국인이 꿈꾸었던 교외의 주택지구와 고속도로는 이제 거의 비난과 저주의 대상으로 전락했다. 석유에 대한 의존도가 높아지는 것이 자동차가 가져온 긍정적 결과인지 부정적 결과인지는 그 사람이 정유회사에서 일하는가 아니면 환경단체에서 일하는가에 따라 달라진다. 따라서 어떠한 행동이 사회에 기능적으로 작용하고 사회체제를 안정적으로 유지하는 데 도움이 된다고 말할 때, 우리는 그것이 누구에게 기능적인지를 물어야 한다. 어떤 유형의 사회에서, 누구에게 유리하게, 그리고 어떤 시간대에 걸맞게 작용하는가? 내연기관 자동차는 과거 산업시대에 아무리 기능적으로 작용했다 해도 미래 탈산업화 시대의 장기적 지속 가능성에 있어서는 역기능을 낳고 있는 듯 보인다.[6]

이 모든 것이 대체 마태 효과와 무슨 관계일까? 이와 같은 효과들은 의도된 것인가, 아니면 의도되지 않은 것인가? 이들은 사회구조를 유지하는 데 기능적으로 작용할까, 아니면 역기능적으로 작용할까?

첫 번째 질문부터 답해보자. 사회적 행위자들이 의도적으로 이미 우위에 있는 사람들에게는 유리하고 불리한 위치에 있는 사람들에게는 불리한 사회체제를 설계했을까? 그러니까 마태 효과를 의도적으로 사회체제 안에 짜 넣은 것일까? 그런 의도가 없었다고 한다면 너무 순진한 대답일 것이다. 황금을 가진 자가 법을 만든다는 냉소주의의 황금률은 지배집단이 자신들의 지위를 유지하거나 더욱 확고히 다질 수 있도록 의도적으로 체제를 설계하고 있음을 시사한다.

그러나 이처럼 음모론에 가까운 시각으로 마태 효과를 바라보는 것에는 한계가 있다. 사회체제를 전적으로 어떤 의도를 가지고 설계하거나 구성하는 일은 불가능하다. 모든 사회적 제도는 어느 정도는 의도하지 않았던 부가물들이 자연스럽게 축적되어 만들어진 것이다. 종교나 법 체제와 같은 복잡한 사회제도는 이제껏 수백 년에 걸쳐 변화하고 진화해왔다. 또한 다양한 이념을 지닌 수많은 개인과 집단이 각자의 목적을 위해 서로 삐걱거리며 일해온 결과다. 만약 그런 체제에서 마태 효과가 발견된다면, 그것을 단순히 권력자들의 자기만족적인 음모라고 할 수 있을까? 아니면 단순한 사회적 진화의 산물이자, 사회의 성원들이 의도하기는커녕 인식할 수도 없었던 고유의 특성에 불과하다고 봐야 옳을까?

한 가지 분명한 것은 마태 효과의 의도성은 언제나 각각의 사건에 따라 개별적으로 판단되어야 하며, 해당 체제의 면면도 상세하게 분석되어야 한다는 점이다. 우리는 이미 우위에 있는 사람들의 우위를 강화하는 과세개혁(간단히 말해, 부자감세)이 의도적이고 이기적인 계획의 결과라고 판단한다. 한편 여러 학교의 학생들 사이에서 성적 격차가 커지는 것은 우리의 교육체제가 의도했던 결과가 아니며, 오히려 의도되지 않은 결과다. 머튼은 과학 분야의 지위와 명성의 분배에 관한 연구에서, 마태 효과가 과학 커뮤니티에 의식적으로 심어진 것이라고 주장하지 않았다. 그가 가장 먼저 검토한 것은 정상적으로 작동하는 과학협회의 잠재적 기능과 잠재적 역기능, 즉 그의 말을 빌리자면 "예상하지도 못하고 의도되지도 않은" 것들이었다.

마태 효과는 사회구조 안에서 기능적으로 작용하는가 아니면 역기능적으로 작용하는가? 머튼은 과학 분야의 보상 체계에 관한 자신의 연구에서 마태 효과가 두 가지 결과를 모두 야기할 수 있다고 확신한다. 머튼은 사회적 삶의 복잡성과 아이러니, 모호함, 다면성을 정확하게 인식하고 있었다. 그는 엘리트 과학자들에 관한 연구를 통해 누적된 우위가 인재를 발굴하고 질적 수준을 높게 유지하는 등 긍정적 기능을 하는 한편, 동시에 재능을 억압하고 불공평을 초래하고 무명(無名)이지만 훌륭한 능력을 지닌 과학자들 사이에서 반감을 불러일으키는 등의 역기능을 초래할 수 있음을 깨달았다.

사회적 불균형의 긍정적 기능을 다룬 연구 가운데 가장 유명한 것은 데이비스(Kingsley Davis)와 무어(Wilbert Moore)의 연구다. 그들은 모든 인간 사회에 분배의 불평등 현상이 있음을 발견했다. 이는 불평등이 사회가 존속하기 위해서 어느 정도 필수적임을 시사한다. 데이비스와 무어는 두 가지 요소를 통해 이러한 문화적 공통점을 설명하려 했다. 바로 사회적 지위의 중요성과 그것을 충족할 수 있는 인재(人材)의 희소성이다. 그들은 사회가 존속하는 데 있어서 일부 사회적 지위가 다른 것들에 비해 기능적으로 더욱 중요하다고 가정하는데, 모든 사람들이 그런 지위에 걸맞게 훈련되거나 능력과 재능을 갖추고 있는 것은 아니다. 따라서 그런 능력을 갖고 있으며 기꺼이 그런 자리에 자신을 희생하는 이들에게는 더욱 큰 보상이 주어져야 한다. 데이비스와 무어는 가장 유능하고 적합한 사람이 사회적으로 중요한 업무를 수행함으로써 형성되는 불평등은 오히려 사회 전체에 이득이 된다고 주장했다.

데이비스-무어의 계층이론을 비판하는 사람들은 그들이 사회적 계층화의 부정적 결과와 역기능을 과소평가하고 있다고 지적한다. 그중에서 가장 선봉에 선 사람이 멜빈 터민(Melvin Tumin)인데, 그는 사회의 최상류층이 자신들의 이권을 보호하기 위해 하위계층이 사회적으로 보다 중요한 지위에 접근할 수 없도록 가로막고 그들의 잠재력을 억압한다고 주장했다(마태 효과의 예). 한편 그들의 특권적인 지위는 이기적 이데올로기를 이용하여 자신들의 이익이 "논리적이고, 자연스러우며, 도덕적으로 옳다"라고 합리화하는 데 필요한 정치권력을 제공한다. 그로 인해 발생된 불평등은 억압된 계층들 사이에 불평불만과 적대감을 불러일으키고 이는 사회적 불안과 갈등으로 이어진다. 이와 같은 사회계층화의 역기능적 결과는 인간 사회의 불평등이 사회 전체에 이롭다는 주장을 약화시킨다.

머튼은 이처럼 상반된 견해를 모두 취하고 있다. 그는 과학계의 보상체제에서 나타나는 마태 효과의 긍정적 기능과 부정적 기능을 모두 인정한다. 이 책은 머튼에 비해 마태 효과의 역기능에 보다 중점을 두고 있긴 하지만(굳이 이 책의 이론적 입장을 설명하자면 '역기능주의'라고 해야 할 것이다), 머튼의 이론은 추상적 단순화가 통하지 않는 복잡하고 다양한 사회적 삶에 보다 균형 잡힌 시각을 적용해야 한다는 사실을 끊임없이 상기시킨다.

**기회구조**

머튼의 기회구조는 마태 효과를 이해하는 또 하나의 열쇠다. 머튼은 기회구조를 "특정 결과를 얻으려고 행동하는 개인 또는 집단에게 다양한 가능성을 제공하는 규모와 분배의 조건"이라고 정의한다. 복권처럼 아주 드문 경우를 제외하면 사회에서 기회란 결코 무작위로 분배되지 않으며 일부 특정 사람들에게 유리한 방식으로 분배된다. 따라서 사회구조 속에서 다양한 위치에 분포되어 있는 사람들은 각자 열망하는 것(경제적 우위와 사회적 유동성 포함)에 접근할 능력 또한 서로 다르다.

　기회구조와 그에 대한 접근 가능성은 결코 고정된 것이 아니다. 그것은 개인 또는 집단이 역사상 어떠한 장소와 시간대에 존재하느냐에 따라 달라진다. 가령 제2차 세계대전 직후에 제정된 미국의 제대군인 원호법은 어마어마한 대학등록금을 마련하지 못해 고등교육을 포기해야 했던 수많은 퇴역군인들에게 교육의 기회를 제공해주었다. 그리고 1960년대의 시민권법들은 기존에는 시민권이나 경제적 기회에 접근하는 것조차 체계적으로 거부되어 있었던 모든 미국의 국민들에게 가능성을 열어주었다. 그러나 사회구조 내부에서 개인의 위치는 기회에 대한 접근범위에 영향을 줄 수는 있을지 몰라도 사회적 결과를 결정할 수는 없다. 기회에 대한 접근성은 단순히 성공할 가능성을 높여줄 뿐이다. 머튼의 개념 해석에서 가장 중요한 것은 인간적인 행정기관과 선택이다. 사회적 행위자들이 거기에 접근하는 것뿐만 아니라 그 기회를 통해 어떤 행동을 하느냐 하는 것이 중요하다. 사회이론에서 말하는 우리의 삶은 사회구조와 행정기관 그리고 그 둘 사이의 미묘한 상호작용의 산물이다. 사회적 행위자의 객관적 인식과 기대감, 그리고 동기는 그들이 마주치는 구조적 기회와 장애물을 수용하고 반응하는 방식에 영향을 미치며, 따라서 물질적 성과를 구체화하는 데 중요한 역할을 한다.

머튼은 자신의 유명한 일탈이론에서 기회구조 개념을 전개해왔다. 그는 일탈행위가 개인이나 집단이 물질적 성공과 같은 사회문화적 목표에 적절히 접근할 사회적 수단을 박탈당할 때 발생한다고 주장했다. 머튼의 일탈이론은 우위집단에 의해 계급상승의 정당한 경로가 가로막힌 경제적 또는 민족적 집단에 범죄 조직이나 비행 하위문화가 등장하는 원인을 규명할 때 자주 사용된다. 머튼의 일탈이론을 이론적 바탕으로 삼은 클로워드(Richard Cloward)와 올린(Lloyd Ohlin)은 "계층구조 아래로 내려갈수록 열망과 그것을 성취하고자 하는 정당한 기회의 불일치는 증가한다"라고 가정하고 "원하는 것과 실제로 가질 수 있는 것 사이의 불일치"야말로 하층계급 젊은이들의 절망감의 근원이며, 이는 그들이 문화적으로 인정되는 목표를 성취하기 위해 불법적 수단을 강구하는 원인이라고 주장했다. 클로워드와 올린은 합법적 기회구조와 비합법적 기회구조를 구분함으로써 머튼의 이론을 한 단계 더 발전시켰다. 범죄 집단의 비행 하위문화는 비록 불법적이긴 하지만, 사회적으로 용인된 계급상승 수단을 박탈당한 이들에게 대안적인 기회구조와 유동성을 제공한다.

기회구조는 마태 효과와 어떤 관계가 있는가? 머튼은 과학계의 기회와 보상에 관한 연구를 통해 이 두 가지 요소를 명쾌하게 연결했다. 그는 자율적 선택과 사회적 선택의 상호작용 과정이 과학연구와 같은 분야에서 "기회구조에 대한 접근 가능성에 영향을 미치며", 개인의 성취가 요구 기준을 충족하거나 능가할 때 "자신의 성취(그리고 그에 수반되는 보상)를 더욱 발전시킬 기회를 만드는 <u>우위 누적 과정</u>이 시작된다."(밑줄은 원저자 강조) 머튼은 개인적 성취 외에 다른 요소들도 작용하고 있음을 인정했다. 이는 기회구조가 사회적 에스컬레이터처럼 작용하여 이미 가진 우위를 이용해 계단을 오르는 사람에게 더욱 상승할 수 있는 추진력을 제공한다는 의미다. 한편 다른 이들은 여전히 계단을 이용해야 할 것이다.

머튼은 저명한 연구기관 역시 유능한 과학자들을 끌어들이는 데 필요한 자산을 축적해 더 높은 지위로 상승함으로써 개인과 마찬가지로 마태 효과의 혜택을 받는다는 사실을 깨달았다. 그럼으로써 엘리트 기관과 엘리트 과학자의 누적 우위는 서로를 보완하고 상대방을 더욱 풍요롭게 해준다. 머튼에 따르면 마태 효과는 미시적 수준과 거시적 수준으로 구분할 수 있는데, 전자는 개인적인 수준에서 발생하고 후자는 조직 또는 기관에서 발생한다. 나아가 이 둘 사이에는 잠재적인 상호작용이 존재한다.

앞에서 우리는 기회구조와 그것에 대한 접근권이 모두 고정적인 것은 아니라고 언급했다. 사회구조와 그 안에 존재하는 개인들은 늘 변화를 거친다. 그리고 그렇게 끊임없이 변화하는 역학적 요소 가운데 하나가 바로 마태 효과 그 자체다. 마태 효과는 자가증식적

이기 때문에 체제 자체를 안에서부터 변화시키고 사회적 행위자와 조직의 상대적 운명을 바꾸며 그럼으로써 기회를 붙들거나 잃게 한다. 따라서 어떤 분야가 됐든 간에(과학, 비즈니스, 정치, 교육, 또는 일상적인 삶에서도) 성공은 보다 큰 성공을 불러오고 실패는 더욱 큰 실패로 이어지는 경향이 있다.

## 사회적 메커니즘

마태 효과는 일종의 사회적 메커니즘이다. 머튼의 정의에 따르면 사회적 메커니즘이란 "사회구조의 특정 부문에 특정한 결과를 가져오는 사회적 과정"이다. 머튼과 다른 학자들의 뒤를 이은 헤드스트룀(Peter Hedström)과 스웨드버그(Richard Swedberg)는 이를 I → M → O로 표현되는 보다 구체적인 이론으로 제시했다. 사회적 메커니즘(Mechanism)은 사회체제의 투입요소(Input)를 산출결과(Output)로 변환한다. 이를테면 경제학의 시장 메커니즘은, 공급과 수요를 입력하면 시장에서 판매 가능한 상품 및 서비스의 가격과 규모에 영향을 미치는 사회적 메커니즘이다.

또 다른 사회적 메커니즘은 머튼이 발전시킨 개념 가운데 가장 중요하고 널리 알려진 자기실현적 예언에 대한 분석에서 발견할 수 있다. 머튼은 다음과 같은 예를 제시한다. 1932년, 라스트 내셔널 은행(Last National Bank)은 충분한 지불능력을 보유하고 있었을 뿐만 아니라 나날이 번창하고 있었다. 그러나 검은 수요일, 은행이 파산위기에 처했다는 잘못된 소문이 돌기 시작했다. 이 소문은 곧 전염병처럼 순식간에 퍼져나갔고 얼마 지나지 않아 고객들이 벌떼처럼 모여들어 예금을 인출해가기 시작했다. 이처럼 거짓이지만 자기실현적인 예언 때문에 은행은 진짜로 파산하고 말았는데, 이때 신속하게 퍼진 소문은 은행의 재정적 파탄에 대한 '거짓 소문'을 실제 '파산'으로 변환하여 상황에 대한 잘못된 정의를 사실로 만들어버린 일종의 사회적 메커니즘이다.

마태 효과의 논리는 이 자기실현적 예언의 논리와 상당 부분 유사하다. 두 경우 모두 초기의 조건(Initial condition)은 사회적 메커니즘(Mechanism)에 의해 증폭되며, 그 결과(Outcome)를 산출한다. 한편 결과는 초기의 조건을 다시 체제로 되돌려 더욱 큰 반향을 일으킨다. 이것이 바로 마태 효과가 긍정적 피드백 고리와 흡사하다고 말하는 이유다. 머튼은 사회적 메커니즘이 극단적 추상화와 비이론적 연구라는 양 극단을 피해 '중범위이론'의 발전을 촉진할 수 있길 바랐다. 우리는 이 책 전체에서 의도치 않은 결과와 기회구조, 그리고 사회적 메커니즘이라는 개념들을 거듭해서 만나게 될 것이다. 머튼의 핵심적 견해는 마태 효과를 보다 광범위하고 일반적인 사회이론의 맥락에서 살펴볼 수 있도록 도울 것이다.

누적 우위에 대한 머튼의 연구는 과학 부문의 보상체제를 연구하는 데 초점을 맞추고 있었다. 과학사회학 분야에서 머튼의 업적에 익숙한 사람들은 아마 마태 효과를 비교적 좁고 한정된 맥락으로 이해하는 데만 익숙해져 있으리라. 그러나 그의 동료학자인 해리엇 저커먼(Harriet Zuckerman)이 말했듯이 "누적 우위와 열위에 관련된 과정은 매우 포괄적이며 과학뿐만 아니라 다른 분야의 계층화에도 영향을 미친다." 이는 머튼 자신이 주창한 내용이기도 하다. 디프리트와 아이리히는 "우위의 누적은 상대적 우위가 상대적 이익을 낳는 모든 일시적 과정(예: 삶, 세대)에 존재하는 불균형의 일반적 메커니즘이다"라는 보다 포괄적인 입장을 취했다. 서로 다른 분야의 연구자들이 지난 수십 년 동안 누적 우위 연구를 과학사회학 분야로만 제한했던 장벽을 허물고 거의 모든 학문 분야에서 마태 효과를 연구함으로써 새로운 탐구의 장(場)을 열었다. 이제껏 사회학자들은 다른 영역의 새로운 진전에 대해서는 문외한이나 다름없었다. 이 책은 그처럼 서로 고립되고 단절되어 있었던 연구 분야들을 연결하여 하나의 담론으로 통합하는 과정의 시작점이 될 것이다.

우리는 마태 효과가 늘 똑같지 않으며 다양한 유형을 보인다는 사실을 이미 지적했다. 어떤 마태 효과는 절대적이고 또 어떤 것들은 상대적이다. 어떤 것들은 의식적이거나 의도적으로 계획된 것이지만 어떤 것들은 의도된 사회적 행위의 의도치 않은 결과로 나타난다. 머튼의 용어를 빌리자면 일부는 명시적이지만 일부는 잠재적이고 어떤 경우에는 사회체제의 구성원들에게 인지되지도 않는다. 일부 누적 우위는 과학연구 분야처럼 뛰어난 성취에 보상하는 실력위주 사회에서는 정당화되지만, 간단히 물려받았거나 아무 노력 없이 손에 넣었을 경우에는 부당한 것으로 여겨질 수 있다. 마지막으로 마태 효과는 그것이 발현되는 체제 내에서 긍정적으로 기능할 수도 있고 부정적으로 기능할 수도 있으며, 때로는 두 방향으로 한꺼번에 기능할 수도 있다.

마태 효과는 매우 다양한 모습을 보이는데, 서로 다른 사회적 맥락에서 서로 다른 방식으로 작용한다. 우리가 과학연구라는 조건일 때 목격하는 메커니즘과 기회구조는 학생들이 단어에 관한 지식을 쌓거나 사업가들이 시장에서 부를 축적하거나 정치가들이 자신에게 유리하게 법을 개정할 때 발견하는 것과는 전혀 다르다. 서로 다른 체제의 보상체계는 제각각 현저하게 다를 수밖에 없기 때문이다. 비범하고 뛰어난 과학적 성과는 높은 명성(비록 독보적이지는 않더라도)과 평가로 보상된다. 학교에서 기대 이상의 성적을 받은데 대한 기본적 보상은 교육적 향상이다. 사업가에게 최선의 보상은 부(富)이며, 정치가에게는 정치적 권력이다. 나아가 이런 보상을 획득하는 데 필요한 성취의 조건 역시 분야별로 매우 다르다. 과학연구와 단어 습득, 영리한 투자, 정치 기술은 모두 다른 종류의 활동이고, 성공 기준과 척도 또한 크게 다르다. 마태 효과가 발생하는 사회적 맥락은 말 그대로 무한할 정도로 다양하다.

그러나 이 책은 다양한 분야에서 다양한 모습으로 발현되는 마태 효과의 차이점이 아니라 '공통점'에 주목한다. 서로 다른 분야에 흩어져 있는 자료들을 하나로 연결하여 공통 담론을 이끌어낼 수 있는 마태 효과에 대해 무엇이라고 말할 수 있는가?

마태 효과는 그 다양성에도 불구하고 서로 동일한 특성들을 공유하고 있다. 마태 효과는 계층화된 사회체제 속에서 긍정적인 피드백 고리의 형태로 나타난다. 이 책은 마태 효과에 관한 머튼의 이론에 충실하되, 다른 학자들의 제안처럼 긍정적 피드백 고리를 반복적으로 나타나는 우위 누적의 과정으로 이해함으로써 본질에서는 아닐지라도 최소한 용어의 범주에서는 머튼을 한 발짝 넘어설 것이다. 긍정적 피드백 고리는 산출결과의 일부가 새로운 투입값으로 대입됨으로써 거의 영구적으로 확장을 거듭하는 현상을 뜻한다. 복리처럼 말이다. 긍정적 피드백 고리에 대해서는 3장에서 더욱 자세히 살펴보기로 하자. 머튼이 긍정적 피드백에 대해 따로 상세히 설명하지는 않았지만 그 개념은 충분히 그의 분석과 일치하는 듯 보인다. 바로 이런 자가증식적 고리(대단히 탁월한 사회적 메커니즘이다)야말로 우위가 다시 우위로 이어져 수혜자들의 기회구조를 확장하고, 그럼으로써 더 많이 가진 자들과 더 적게 가진 자들

사이의 격차를 넓히는 원인이다.[7]

우리는 많은 사회학자들에게 익숙해진 것보다 훨씬 포괄적으로 '마태 효과'에 관해 논할 것이다. 한마디로 우위 누적 과정에 관한 우리의 인식을 미답의 영역으로 확장하는 것이다. 사회과학 분야에서 이미 존재하는 발전 내용을 탐구하는 한 우리는 새로운 연구 아젠다를 추구하는 것이 아니다. 우리가 바라는 것은 새로운 발견이 아니라 통합과 완성이다. 그러한 통합 과정을 거치지 않는다면 남는 것은 각 부문에 산재한 파편들과 단절된 담론에 불과하다.

이 책은 마태 효과가 자연적 철칙이거나 모든 사회적, 경제적 결과를 아우르는 절대법칙이라고 말하려는 것이 아니다. 사회적 결과를 결정하는 요인들은 대단히 다양하다. 생물학적, 경제적, 문화적 유산을 비롯해 운과 기술, 노력, 독창성, 더불어 수많은 변수들이 삶의 결과를 결정하는 데 일조한다. 게다가 6장에서 논의할 다양한 대항력이 누적 우위를 제한한다. 또한 우리는 초기의 우위가 언제나 새로운 우위로 이어진다고 주장하는 것이 아니다. 우리가 논하는 것은 절대적 확률이 아니라 가능성이다. 초기의 우위는 오직 그 이상의 우위로 이어질 뿐, 때로 바보들—혹은 심지어 똑똑하고 성실하지만 운이 나쁜 투자자들—은 그러한 우위를 상실하기도 한다.

마태 효과는 모든 것에 대한 해답이 아니다. 무한히 복잡하고 우연이 난무하는 세상, 다양한 요인들 사이에 상호적 인과와 순환적 인과가 존재하는 세상에 보편적 원칙이 존재한다는 것은 있을 법하지 않은 일이다. 사회적 현상을 단 하나의 요소로 설명하려는 시도는 극단적 회의론으로 보이는 법이다.

우리의 주장은 마태 효과가 엄연히 실재하며, 사회적 삶의 다양한 면에서 빠짐없이 발견되고 있고, 대항력이 부재할 때는 사회적 결과에 대해 잠재적으로 강력한 결정 인자가 될 수 있다는 것이다. 사회체제에 이러한 효과들이 존재하고 있음을 인식함으로써 우리는 필요한 경우 치명적인 효과를 견제하거나 억제할 수 있는 효율적인 방법을, 또는 그것이 유익하게 작용할 경우라면 공익을 위해 활용할 수 있는 방도를 찾을 수 있을 것이다.

| CHAPTER 02 |

# 과학과 기술 분야의
# 마태 효과

|

The Matthew Effect

The Matthew Effect

마태 효과는 사회제도 전반에서 발견되고 있지만, 머튼이 처음으로 누적 우위라는 개념을 발전시킨 것이 과학 분야였으므로 우리도 과학과 기술의 개발과 보급 분야에서 시작해보자.

## 과학 분야의 마태 효과

마태 효과라는 용어가 사회학 사전에 처음 등재된 것은 1960년대 후반에서 1970년대 초반, 컬럼비아 대학교의 과학사회학 프로그램에 참가한 학자들이 과학 분야의 보상체제에 관한 일련의 연구를 실행하면서부터였다. 토머스 머튼의 저명한 소논문 〈과학 분야의 마태 효과(The Matthew Effect in Science)〉(1968)는 해리엇 저커먼이 미국의 노벨상 수상자에 관한 연구결과를 출판한 논문을 바탕으로 한 것으로, 이후 과학적 보상의 불평등한 분배에 관한 연구가 폭발하는 계기가 되었다.[1] 머튼은 이 논문에서 과학연구 분야에도 '계급 구조'가 존재한다는 사실을 지적했다. 저명한 과학자들은 그렇지 않은 과학자들보다 명성을 떨칠 기회를 더욱 많이 부여받는다. 이 주장을 뒷받침하기 위해 머튼은 크레인(Diana Crane)의 연구내용을 인용한다. "유명 대학에서 높은 연구실적을 내는 교수들은 연구실적 수준은 동등하지만 보다 덜 유명한 대학에 소속된 교수들보다 훨씬 큰 명성을 부여받는다." 이는 두 명의 과학자가 똑같은 실적을 낸다 할지라도 눈에 띄는 이력을 가진 이들이 그렇지 않은 이들보다 더 인정받는다는 의미다. 한 노벨상 수상자가 털어놓았듯이 "가장 유명한 사람이 명성을 독식한다." 두 명의 과학자가 독자적으로 똑같은 발견을 했다고 할지라도 공을 차지하는 사람은 세간에 널리 알려진 사람이다. 즉 유명한 인물일수록 더욱 유명해지는 것이다.

머튼은 많은 노벨상 수상자들이 덜 유명한 동료들과 협동 작업을 할 때는 이처럼 명성이 불공평하게 분배된다는 사실을 알고 있음을 확인했다. 어떤 이들은 제1저자로 이름을 올리기를 거절하거나 동료학자들에게 공을 돌리기 위해 공동저작물에서 자신의 이름을 삭제하는 등 마태 효과를 무효화하려고 노력하기도 했다. 여기서 우리가 알 수 있는 것은 마태 효과가 결코 필연적인 것이 아니며 의도적인 도덕적 선택을 통해 상쇄될 수도 있다는 점이다. 일부 노벨상 수상자들은 순수한 협동연구의 경우에도 저명한 과학자들은 부당하게 좋은 평판을 얻는 데 비해 잘 알려지지 않은 동료들은 부당하게 무시당하는 '이중으로 부당한' 현상을 실감했다. 한 노벨 물리학상 수상자는 "우리가 사는 세상은 참으로 기묘한 방식으로 명성을 부여한다. 이미 가진 사람에게 더 많이 퍼주니 말이다"라고 말하기도 했다. 실제로 일반 회사에서도 부하직원들이 열심히 일하면 윗사람이 공을 독차지하는 일이 흔하지 않은가.

마태 효과는 명성이 덜한 과학자들에게 부당한 대우를 받고 있다는 느낌을 주는 등 개인적인 면으로 부정적 결과를 가져올 수도 있다. 그러나 머튼은 마태 효과가 과학 사회 전체에 긍정적 결과를 가져올 수도 있다고 주장한다. 특히 과학 논문의 양이 급속하게 증가하고 있다는 사실을 고려하면 더욱 그렇다. 논문에 기재된 저명한 이름들은 그 연구내용을 승인하고 보증하는 유용한 인장이 될 수 있다. 또한 유명한 엘리트 과학자들이 역할모델이 됨으로써 다른 과학자들과 차세대 엘리트들의 성취의욕을 고취할 수 있다. 저커먼은 노벨상 수상자들 가운데 절반 이상이 과거 노벨상 수상자들 밑에서 일한 전적이 있다는 사실을 발견했다. 머튼은 설사 엘리트 과학자들이 지나치게 개인적인 명성을 누린다고 해도 세간의 이목을 끄는 그들의 영향력은 과학 커뮤니티에 꼭 필요한 것이라고 말한다. 그들의 우월한 지위가 과학 커뮤니티 전체에 간접적으로 유익하게 작용한다는 것이다.[2]

머튼은 과학 분야에서 나타나는 마태 효과가 자신이 '자기실현적 예언'이라고 부르는 개념의 특수한 사례로 볼 수도 있다고 결론지었다. 저명한 과학자의 최근 연구가 중요한 의의를 지닐 것이라는 기대감이 더욱 주목을 끌게 되고, 그 결과 해당 과학자는 더욱 큰 명성을 얻게 된다. 이름 높은 연구기관에서 저명한 스승과 함께 일한 젊은 과학자들은 더 좋은 직장과 연구 인맥을 구할 수 있다. 뛰어난 연구기관의 경우에는 이러한 '누적 우위'를 통해 유능한 직원들과 학생들을 유혹하고 그 결과 해당 분야에서 입지를 더욱 강화할 수 있다. 우위가 더 우월한 우위로 이어지는 것이다. 특히 풍부한 자원을 효율적으로 사용할 수 있게 된 유능한 과학자들은 이런 부가적인 우위를 증폭하기도 한다. 한편 그 반대쪽 극단에는 과학 또는 삶의 다른 측면에서 (프로이트의 말을 빌리자면) "성공 때문에 파멸한 사람들"이 있다. 이들은 명성과 자산을 현명하게 관리하지 못해 우위에서 열위로 전락한 사람들로, 결국 마태 효과가 필연적이지도 영구적이지도 않다는 사실을 증명한다.

과학 분야에서 마태 효과의 위력은 얼마나 강력할까? 컬럼비아 대학교의 초기 연구에 따르면 우리가 생각하는 것만큼 강력하지는 않다. 조너선 콜(Jonathan Cole)과 스티븐 콜(Steven Cole)의 주장에 따르면 과학연구 기관들은 기본적으로 타 분야에 비해 능력 중심주의 사회이기 때문에, 이들은 비범한 능력과 실적으로 자신의 장점을 입증하는 이들에게 엘리트라는 지위를 부여한다. 저자들은 넓은 시각으로 볼 때 과학적 보상은 매우 체계적이고 단순히 우위가 더 큰 우위를 끌어당김으로써 발생한 결과와는 거리가 멀다고 결론지었다. 후버(Joan Huber) 또한 발명가들의 저작권 보유율은 누적 우위보다 발명가의 재능과 더욱 관련이 깊다고 결론을 내렸다.

그러나 조너선과 스티븐 콜은 심지어 능력주의 사회인 과학계에서도 마태 효과의 통계적 증거를 발견했고, 뒤이은 연구들은 이를 뒷받침하기에 충분했다. "과학자들은 중요한 연구결과를 발표해 이름을 알린다. 일단 어느 정도 이름이 알려지고 나면 유명세 덕분에 연구내용이 더욱 주목을 끌게 되고, 후광효과(다시 말해 마태 효과)를 얻게 됨으로써" 엘리트 과학자들과 평범한 과학자들의 격차는 더욱 벌어지게 된다. 조너선과 스티븐 콜은 과학 논문의 인용문들을 통계적으로 분석한 결과, 과학자나 연구기관의 명성이 그들의 과학적 업적이나 성과와는 거의 무관하다는 사실을 발견했다. "고위급 과학자들이 집필한 덜 중요한 논문들은 덜 유명한 저자들의 중요한 논문들보다 훨씬 널리 확산되는 경향이 있다." 그 결과, 더 유명한 과학자들의 중요하고 수준 높은 논문은 드물게는 완전히 무시되기도 하는 반면 "저명한 과학자들의 상대적으로 그다지 중요치 않은 논문은 자주 인용된다."[3] 나아가 골드스타인(David Goldstein)과 우드워드(James Woodward) 같은 내부자의 관점에서 보면, "만약 특정 논문이 일단의 저자들에 의해 집필되었을 경우 독자들은 자동적으로 저자들 가운데 가장 저명한 인물을 논문의 책임자로 인식할 것이다. 유명 과학자와 무명 과학자가 집필한 논문은 주로 '유명 과학자의 연구실에서 행해진 연구'로 지칭될 것이며 심지어 때로는 다른 논문에 '유명 과학자 외'라는 잘못된 표기로 인용될 것이다."

과학 분야의 마태 효과는 그다지 눈에 띄지 않는 대학들에서도 발견된다. 고만고만한 대학에 소속된 과학자들은 그들만의 사회적 네트워크를 통해 정기적으로 소통하고 논문을 발표하고 또 서로의 논문을 인용하는 경향이 있다. 다시 말해 무명 대학에 소속된 과학자들이 인맥이 약한 다른 과학자들을 희생시켜 각자의 존재감과 직업적 성공을 홍보하는 셈이다.

과학계의 불공평한 마태 효과를 완화하기 위해 다양한 전략이 제시되었다. 과학 학술잡지들이 논문의 내용이나 의의는 고려하지 않고 저자의 이름이나 소속기관명에 따라 논문을 받아들이거나 거부함으로써 유명 과학자들에게만 명성을 쌓을 기회를 준다는 의견이 제기됨에 따라 현재에는 많은 학술잡지들이 논문의 게재 여부를 놓고 찬반이 갈리는 편집 단계에서 저자명과 기관명을 삭제하거나 비밀에 부친다.

공평함에 관한 문제는 마태 효과가 과학계의 성차별을 지속하고 있다고 주장하는 사람들에 의해서도 제기된다. 여성이 이 분야에서 오랫동안 차별을 받아왔고, 심지어 한때는 과학계에 진출하는 것 자체가 금지되어 있었다는 것은 엄연한 사실이다. 과학은 소위 '남자들만의 세계'였고 1970년대까지도 과학자들은 이른바 '과학계의 남자들'이라고 지칭되었다. 마치 여성 과학자는 존재하지도 않는 양 말이다. 그들의 주장처럼 마태 효과가 성차별에 직접적인 영향을 미쳤든 그렇지 않든 간에[4] 과학계가 역사적으로 여성보다 남성을 선호해왔으며 때문에 남성들이 거의 무한한 우위를 누려왔다는 사실에는 의심의 여지가 없다.

과학사학자인 마거릿 로시터(Margaret Rossiter)는 이른바 '마틸다 효과'가 존재한다고 주장했는데, 그것은 남성들만의 네트워크와 차별적인 행위를 통해 남성들에게는 누적 우위를, 여성들에게는 누적 열위를 부여하는 과학계의 마태 효과다. 후속 연구들이 로시터의 주장을 뒷받침했다. 클라크(Shirley Clark)와 코코런(Mary Corcoran)은 학계의 여성은 취직에서 경력 유지에 이르기까지 거의 모든 단계에서 성차별과 사회적 지지의 결핍이라는 커다란 장애에 부딪힌다는 사실을 발견했다. 발리언(Virginia Valian)은 마태 효과의 영향력을 중심으로 여성이 과학을 비롯한 다른 전문 분야에서 보다 빨리 성공할 수 없는 이유를 연구했다. 그는 누적 우위와 누적 열위에 대한 기존의 연구들을 분석한 결과, 초기 직무평가의 미세한 차이가 두 성별의 급여와 승진, 명성에 있어 거대한 격차로 발전할 수 있음을 알게 되었다. 과학계의 성차별은 그 뒤로도 오랫동안 활발한 논쟁거리였다. 하버드 총장을 지낸 로렌스 서머스(Lawrence Summers)는 얼마 전 과학계에서 여성의 업적이 크게 두드러지지 않는 이유가 사회적 요인보다는 생물학적 차이에 있다고 공개적으로 발언했다. 후에 서머스는 과학계의 성차별이 아직도 현재진행형이라는 사실을 깨닫고 자신의 발언을 철회했다.

상당히 체계적인 보상 기준을 갖춘 과학계에서조차 이와 같은 마태 효과가 발생하고 있다면, 저커먼과 머튼이 시사하듯, 성공의 척도가 보다 애매하고 합리적이지 못한 분야에서는 우리가 생각하는 것보다 훨씬 흔히 일어나고 있을 것이다. 마태 효과는 과학계보다 예술계에서 훨씬 강력하게 작용하고 있을 것이다. 예술 작품은 수량화하기가 어렵거나 아예 불가능하고, (자의적이지 않다면) 사회적 판단이야말로 예술가의 가치를 판단하는 유일한 또는 절대적인 기준이기 때문이다. 저명한 비평가의 우호적인 비평은 예술계 전체, 그리고 일반 대중에게까지 파급되어 예술가에게 성공과 명예를 안겨줄 수 있다.

마태 효과는 비단 과학계에만 국한되는 것이 아니라 여러 학계에 걸쳐 발생할 수 있다. 헌트(James Hunt)와 블레어(John Blair)는 경영학 분야의 경우, 마태 효과가 각 학문 영역에 지대한 기여를 한 사람들뿐만 아니라 기여도는 덜할지 몰라도 학계와 직업적으로 연관되어 위원회나 관직에서 봉사한 사람들에게까지 보상을 줄 수 있다고 지적한다. 특정 분야에 직접 또는 간접적으로 기여한 것이 직업적 명성과 우위를 드높이고 그 결과 더욱 많은 자원을 끌어들임으로써 더 큰 명성을 쌓게 된다.

우리는 또한 개인이라는 미시적 수준을 넘어 학술기관이라는 거시적 수준을 살펴볼 필요가 있다. 하니시(Christine Hanish), 호란(John Horan), 킨(Beth Keen), 세인트 피터(Carolyn Cox St. Peter), 세퍼리치(Sherry Ceperich), 비어즐리(Julie Beasley)는 심리학 분야의 대학 평가 제도에서 나타나는 마태 효과의 영향을 분석했다. 저자들은 대학의 학문적 업적을 평가하는 데 있어 거시적 결과가 아니라 실적과 상관없는 기관의 명성—이를 테면 논문의 인용 빈도 등—에 보다 의존한다고 비판했다. 그들은 대학의 명성은 영구적인 순환 체제에 의해 확립된 것일 뿐, 명문 대학들은 과분한 명성으로 어부지리를 긁어모으는 것이라고 주장했다.

그보다 더 거시적인 수준인 국제과학기구에도 마태 효과가 존재한다. 보니츠(Manfred Bonitz)와 독일에 있는 그의 동료들은 국가 간의 마태 효과(MEC)를 연구한 결과 탄탄한 재정과 시설, 그리고 뛰어난 인재들을 갖춘 부유국가—특히 북아메리카와 유럽의 국가들—의 논문은 저명한 학술지에서 통계적 기대치보다 훨씬 자주 인용되는 반면, 가난한 국가의 논문은 통계적 기대치보다 훨씬 적게 인용된다는 사실을 발견했다.

이러한 현상과 밀접하게 연관된 것이 바로 두뇌 유출, 또는 지적 인재들의 양성과 고용이다. 뛰어난 인재가 언제나 후진국에서 선진국으로 이동하는 것은 아니라 할지라도, 현실적으로는 후진국을 희생시켜 선진국을 이롭게 하는 경우가 대부분이다. 금융자본이 가난한 국가에서 보다 우위에 있는 국가로 흘러가는 것처럼 가난한 국가에서 필요로 하는 고급 두뇌가 해외로 빠져나가면 후진국의 발전은 일순간 더뎌진다. 그럼으로써 두뇌 유출은 이미 세계의 중심에 있는 강대국들의 힘을 더욱 증진하고 속국에서 벗어나려고 노력하는 주변국들을 좌절시킨다.

## 기술 분야의 마태 효과

마태 효과는 학계에서만 발견되는 것이 아니다. 눈부신 변화를 거듭하고 있는 기술산업계에서도 나타난다. 신기술이란 기존의 기술을 발판으로 발전하기 때문에 다이아먼드(Jared Diamond)가 말했듯 "기술은 더욱 많은 기술을 불러온다." 기술의 역사는 이처럼 '수많은 자체촉매적 과정'의 실례들을 제공하는데, "과정 자체가 스스로 반응을 촉진하기 때문에 시간이 지남에 따라 점차 가속도가 붙게 된다."5 다이아먼드에 따르면 청동기와 중세시대, 그리고 현재를 포함해 인류 역사의 결정적인 시기에 기술적 혁신을 폭발시킨 것은 바로 이 자체촉매 과정이었다. 한편 제라드 렌스키(Gerhard Lenski)와 진 렌스키(Jean Lenski)는 새로운 발명이란 대개 현존하는 발명의 재조합이라고 말했다. 따라서 현존하는 발명품의 수가 많을수록 새롭게 발명할 수 있는 것들 또한 많아지게 되며, 각각의 새로운 발명품이 다시 미래의 발명 가능성을 증폭하는 것이다.

자체촉매 과정은 오늘날 정보기술 분야에서 나타나는 급격한 혁신을 이해하는 데 도움이 될지도 모른다. 1980년대 소프트웨어 산업에서 치열한 경쟁이 벌어지고 있을 때 혜성처럼 나타났던 마이크로소프트를 보라. 마이크로소프트(MS)가 IBM과 손잡고 내놓은 MS-DOS는 이 신생회사가 초기 우위를 확보할 수 있게 해주었다. 상품의 재정적 성공은 후속 상품을 연구하고 개발할 수 있는 길을 닦아주었고, 그 결과 윈도우 운영체제가 탄생했다. 윈도우가 소비시장을 강타하면서 MS는 연구개발에 필요한 더욱 많은 수익을 올릴 수 있게 되었다. 기술적 우위는 더한 우위를 가져왔고 부자들은 더 큰 부자가 되었다. 동시에 MS의 워드 프로그램은 마태 효과와 비슷한 긍정적 피드백 과정을 통해, 경제학자들이 '수확체증'이라고 부르는 강력한 추진력을 얻음으로써 경쟁상품들을 따돌렸다. 수확체증은 생산되는 상품량이 증가할수록 그 가치가 증가할 때 발생한다. 가령 한 대의 전화기는 다른 전화기와 연결되지 않는다면 아무 쓸모도 없지만 연결되어 있는 전화기의 수가 늘면 늘수록 가치가 증가한다. 문서 프로그램을 비롯해 수많은 정보기술이 수확체증의 경제 원리에 의해 지배된다. 간단히 말해 MS워드 프로그램을 구입하는 사람들은 다른 모든 사람들이 이미 그것을 사용하고 있다고 믿기 때문에 그것을 사용하며, 이로써 긍정적 피드백 고리가 움직이게 된다. 간단히 정리하자면 '많이 팔면 팔수록 더 많이 팔 수 있다'인 것이다. 그런 식으로 MS워드는 윈도우 프로그램처럼 산업계의 표준이 되었고, 회사의 설립자인 빌 게이츠는 세계 최고의 갑부가 되었으며, 강력한 마태 효과의 위력을 입고 승승장구하게 되었다.

한편 1990년대에 들어서면서 최첨단 정보기술에 접근할 수 있는 사람들과 그렇지 못한 사람들 사이의 정보 격차, 즉 부자와 빈자, 백인과 흑인, 남자와 여자, 부유한 교외지역 거주자와 도심지 거주자 사이의 차이는 더욱더 커지게 되었다. 레베스크(Jeri Levesque)가 지적했듯이, 기술이 풍부한 이들은 점점 더 풍요로워지고 기술이 빈곤한 이들은 상대적 표현으로는 적어도 점점 더 뒤처질 것이다.

그러나 20세기가 끝나갈 무렵, 기술정보가 저렴해지고 보다 광범위하게 유포되면서 소외계층이 컴퓨터에 접근할 수 있게 되자 정보 격차가 줄어드는 양상이 나타났다. 그러나 미국 내의 개인 및 집단 간의 정보 격차는 줄어들었지만, 범세계적인 측면에서 부유국과 빈곤국들 사이의 정보 격차는 거의 경제적 격차와 비견될 정도로 점차 벌어지고 있다. 미국과 같은 선진 산업국가들과 중국이나 인도처럼 경제력 부문에서 빠르게 부상하고 있는 국가들은 맹렬한 속도로 기술 전선에 뛰어들고 있으나, 아프리카와 같은 빈곤국들은 계속해서 정보전에서 뒤처지고 있는 상황이다. 이샤크(Ashfaq Ishaq)는 2000년 11월 미국과 캐나다에서는 인구의 약 43퍼센트가 인터넷을 사용하고 있지만, 유럽에서는 인구의 14퍼센트, 라틴 아메리카에서는 3퍼센트, 중동에서는 1퍼센트, 그리고 아프리카에서는 1퍼센트 미만에 불과하다고 보고했다. 이샤크는 인터넷 접속성이 개발도상국들의 상업적 발전뿐만 아니라 정치구조와 농업, 교육, 그리고 의료 부문에 있어서도 매우 중요한 영향을 미칠 것이라고 강조하면서 국가 간의 정보 격차가 증가하고 있는 데 대해 심각한 우려를 표했다.

만약 기술적 우위를 사용자의 인구 비율, 다시 말해 전화기를 사용하고 텔레비전을 시청하고 인터넷에 접속하는 전체 인구의 비율로 판단한다면, 특정 기술의 사용 비율에는 한계가 있다. 이를테면 인터넷 사용의 경우, 언젠가 선진국 시장은 포화되어 사용자 수가 임계점에 이르겠지만, 개발도상국이나 후진국들은 점차 정보기술에 대한 접근성을 확보하여 성장에 가속도가 붙게 됨으로써 얼마 후에는 두 진영의 정보 격차가 감소하기 시작할 것이다.

그러나 연구개발이 기술력의 한계를 어느 수준까지 끌어올릴지는 알 수 없다. 이는 곧 부유국과 빈곤국 사이의 정보 격차는, 어쩌면 경제 격차와 마찬가지로 무한한 수준까지 커져버릴 수도 있다는 이야기다. 이제 경제적 불균형으로 시선을 돌려보자.

| CHAPTER 03 |

# 경제 분야의 마태 효과

|

The Matthew Effect

The Matthew Effect

마태 효과에 관한 초기 연구조사는 과학계의 불공평한 보상체제에 초점이 맞추어 있었다. 컬럼비아 대학교에서 과학사회학 프로그램을 담당했던 노먼 스토어러(Norman Storer)는 마태 효과가 경제체제를 비롯해 다른 사회 부문에서도 발견될지 모른다는 사실을 처음으로 명시했다. 과학과 경제는 분명 판이하게 다른 분야다.[1] 그러나 수많은 차이점에도 불구하고 우리는 두 분야에서 모두 마태 효과를 발견할 수 있다. 이 장에서 우리는 경제체제에서 발생하는 자가증식(또는 비증식) 과정을 살펴볼 것이다. 단 사례를 상세하게 분석하는 것은 이 책이 다루는 범위를 벗어나는 일이므로 경제 영역에서 나타나는 여러 가지 사례들을 광범위하게 살펴보고 경제적 삶에서 발견되는 자가중식 과정에 대한 이해와 통찰력을 기르는 것으로 만족하도록 하겠다. 이 장의 핵심 주제는 우위를 점하고 시작한 이들에게 긍정적 피드백 고리가 어떤 방식으로 작용하는지에 초점을 맞출 것이다.

이 장에서 우리는 경제학자들이 경제적 불균형과 그 원인에 대해 어떻게 생각하는지 알아보려는 것이 아니다. 경제학자들은 마태 효과를 '마태 효과'라는 용어로 지칭하는 경우가 매우 드물며, 이 하나의 공통된 개념이 여러 분야에서 독자적으로 발전되었다는 사실을 제대로 이해하지 못하는 듯 보인다. 경제학자들이 불균형에 대해 어떻게 생각하는지는 후에 부록에서 빈부격차와 함께 다시 다룰 예정이다. 경제학자들은 사회적 불균형을 매우 복잡한 요인들이 결합된 결과로 간주하는데, 마태 효과는 그중 자원 분배의 불균형을 설명하는 한 가지 요인에 불과하다. 앞서 지적했듯이, 마태 효과는 자연법칙이 아니다. 그것은 절대적 필연이 아니라 상대적 가능성의 세계에서 나타나는 것이다. 부자들이 언제나 더욱 부자가 되는 것도 아니고 빈자들이 언제나 더욱 가난해지는 것도 아니다. 우리는 그저 다른 모든 조건이 동일할 경우, 초기의 우위가 더한 우위를 불러오며 이미 존재하는 열위는 더한 열위를 불러온다고 말하는 것뿐이다. 그러나 현실적으로 그 외의 모든 조건이 동일할 수는 없고, 6장에서 보게 되겠지만 마태 효과를 방해하는 요소들도 수없이 많다. 바닥 효과와 천장 효과 같은 통계적 현상과 부의 세대 간 분산, 시장경제의 경쟁 추세, 노동운동이나 인권운동과 같은 평등주의 운동, 누진 과세와 상속세 같은 정부의 개입, 빌 게이츠와 워런 버핏과 같은 유명인사들의 자선사업으로 대표되는 이타적이고 계몽된 이기적 행동 등의 저해 요인은 마태 효과를 제한하거나 약화할 수 있다. 이러한 대항력이 불균형의 부정적이고 파괴적인 효과를 상쇄할 때, 우리는 그것을 찬미할 것이다. 이 책은 극단적인 불균형에 대해 중립적인 척하지 않을 것이다. 우리는 극단적인 사회적 불균형이 인류의 안녕과 공익에 유해한 영향을 미친다는 도덕적 전통을 유지할 것이다.

경제학자들이 마태 효과라는 용어를 사용하는 경우는 극히 드물지만, 초기의 우위가 새로운 우위로 확장된다는 기본 전제만큼은 경제학에서도 흔히 볼 수 있다. 이를테면 절대적 마태 효과는 마르크스와 엥겔스에서도 뚜렷하게 암시되고 있다. 19세기에 마르크스는 소수의 지배적 자본주의 계급이 프롤레타리아 계급을 빈곤과 피폐의 구렁텅이로 내모는 한편, 그들 자신은 부와 자본을 축적한다고 주장했다. 그는 자본가가 노동자들에게서 노동의 대가를 착취하고 그렇게 긁어모은 부를 더 많은 부를 축적하기 위해 재투자한다고 설명했다. 착취에 기반을 둔 사회체제에서는 단순히 부자가 더욱 부유해지고 가난한 자가 더욱 가난해지는 게 아니다. 가난한 사람들이 더욱 가난해지기 때문에 부자들이 더욱 부유해질 수 있는 것이다. 마르크스의 분석에 따르면(지금 돌이켜보면 허점을 찾을 수 있지만) 우리는 착취적 마태 효과와 비착취적인 마태 효과를 구분해야 한다. 전자의 경우에는 불리한 위치에 있는 사람들을 희생시킨 대가로 우위를 획득할 수 있다. 이런 원리는 제로섬 게임 이론으로 더욱 잘 알려져 있는데, 한 참가자가 얻은 이득은 다른 참가자가 잃은 손실이다. 반대로 포지티프섬 게임에서는 일부 참가자가 다른 이들에 비해 상대적으로 큰 이득을 얻더라도 게임에 참가한 모든 이들이 이득을 얻는 것 또한 가능하다.

누적 우위에 대한 또 다른 견해는 막스 베버가 이야기한 신교도들의 노동윤리와 현대 자본주의의 도래에 관한 전형적인 분석에서 찾아볼 수 있다. 베버에 의하면 18세기 유럽의 독실한 칼뱅주의자들은 종교적 신념에 의해 열심히 일하고 번성을 누렸다. 그러나 그들의 금욕주의적 신앙은 그들이 번 것을 세속적인 향락에 사용하지 못하도록 금했기 때문에, 신도들은 번 돈을 다시 사업의 확장을 위해 재투자할 수밖에 없었다. 그 결과 축적된 자본은 경제 성장에 불을 붙였고, 후에 경제발전 이론가인 로스토(W.W. Rostow)가 '경제적 도약'이라고 표현한 현상이 발생했다. 그러므로 베버는 현대 자본주의가 탄생하게 된 요인 중 하나로 마태 효과를 들고 있는 셈이다. 베버의 이 논문은 격렬하게 비판을 받았는데, 자본의 축적과 현대화에 있어 노동윤리를 중요한 문화적 요소로 간주하는 일부 학자들 사이에서는 큰 지지를 받았다. 베버가 주창한 자본주의의 탄생은 마르크스의 견해와는 상당히 다르지만 두 사람 모두 이른바 자가증식적 피드백 고리의 존재를 규명하고 이를 자본 축적의 근간을 구성한 중요한 사회적, 경제적 메커니즘으로 정의했다는 데 의미가 있다.

## 마태 효과의 경제적 메커니즘

초기의 우위가 더한 우위로 이어진다는 사실은 비즈니스 세계에서는 거의 정설이다. 몇몇 경구만 해도 이러한 인식을 매우 뚜렷하게 반영하고 있다. "돈이 돈을 번다" "큰 물고기가 작은 물고기를 먹는다" "큰 개가 먼저 먹는다" "처음 100만 달러를 벌기가 제일 어렵다"[2] 등등. 이러한 경구들은 비즈니스 업계에서 이미 우위에 서 있는 사람들이 더한 우위를 불러오기에 적합한 위치에 있다는 사실을 거리낌 없이 인정하고 있다. 일상적인 경제 활동조차 가지지 못한 자보다 가진 자들에게 더욱 유리하게 되어 있다는 사실을 생각해보라. 긍정적 피드백 고리는 초기의 우위를 증폭하는데, 이는 마태 효과가 지닌 고유의 특성이다.

**우위의 계승**

먼저, 계승된 우위가 작용하는 메커니즘을 들여다보자. 세상에는 날 때부터 당첨 복권을 쥐고 태어나는 사람들이 있다. 그들은 애초에 다른 이들보다 유리한 위치에서 삶을 시작하게 된다. 부모를 현명하게 선택했다던 마크 트웨인의 아이러니한 말처럼, 우리는 태어나는 시간과 공간, 또는 사회적 환경을 선택하거나 통제할 수 없다. 어떤 이들은 태어날 때부터 사회적 기회구조에 너무나도 손쉽게 접근할 수 있는 반면, 어떤 이들은 그런 기회는 평생 꿈조차 꿀 수 없다. 그리고 대부분의 사람들은 그 양 극단 사이에 존재하기 마련이다. 그러나 부자로 태어났든 가난하게 태어났든 또는 그 중간 지점에 태어났든 우리는 복권의 운에 종속되어 있고, 태어날 때 부여된 사회적 위치는 앞으로 우리가 살면서 접하게 될 기회의 범위에 영향을 미친다.

도박에 비유해보자면, 우리는 인생이라는 게임에서 손에 쥘 카드를 선택할 수는 없지만 그 카드를 어떻게 쓸 것인지는 어느 정도 자유롭다는 얘기다. 니콜로 마키아벨리는 우리의 인생은 통제할 수 없는 외부 환경인 포르투나(*Fortuna*)와 각자가 지닌 기술이나 능력인 비르투스(*Virtus*)가 혼합되어 나타난 결과라고 말했다. 포르투나는 우리가 손에 쥔 카드이며, 비르투스는 카드를 움직이는 능력이다. 마키아벨리는 포르투나와 비르투스가 우리의 인생에 거의 동등한 수준으로 영향을 미친다고 했다.

미국인들은 인생을 평가함에 있어 비르투스의 중요성을 과장하고 포르투나의 중요성을 과소평가하는 경향이 있다. 아직도 많은 사람들이 사회적 진공상태에서도 유를 창조할 수 있는 사람이 존재한다는 양 '자수성가'라는 신화에 매달리고 또 매달린다. 비단 경제적 환경뿐만 아니라 유전자와 가족, 문화적 환경 등 전 세대에게서 물려받은 모든 것이 우리가 어떠한 인간이 될지를 결정한다. 소말리아 오지에서 가난한 홀어머니 밑에 태어난 아이나 미국 빈민가 출신의 아이들은 안전하고 평안한 환경에서 태어난 아이들과 결코 동등한 기회를 누릴 수 없다. 물론 어떤 이들은 선천적인 열위를 극복할 방도를 찾아내기도 하지만, 애초에 유리한 위치에서 삶을 시작한 이들이 그렇지 않은 사람들보다 인생에서 성공할 가능성이 훨씬 크다는 사실은 아무도 부인할 수 없을 것이다. 그리고 앞서 살펴봤듯이, 마태 효과는 초기의 작은 우위조차도 종국에는 커다란 이익으로 바꿀 수 있다.

**복리와 투자수익률**

1장에서 우리는 마태 효과를 복리에 비유해보았다. 빌리언은 남녀 불평등을 다룬 연구에서 "원금에 이자가 붙듯이 우위는 축적되고 빚에 이자가 붙듯이 열위도 축적된다. 아주 작은 차이라도…… 쌓이고 쌓여 결국에는 커다란 격차로 나타난다"라고 언급했다.

은행에 일정한 이율로 예금을 예치한 뒤, 원금에 이자가 붙고 그

이자에 다시 이자가 붙는다면 당신의 예금은 단순히 꾸준히 증가하는 게 아니다. 긍정적 피드백 메커니즘에 의해 이자가 자가증식하면서 가속도가 붙기 때문에 거의 기하급수적으로 불어나는 것이다.

복리는 기하급수적으로 증가하기 때문에 큰돈으로 시작한 사람일수록 더 큰 수익을 얻게 된다. 비즈니스 세계에서 흔히 들을 수 있는 "돈이 돈을 번다"라든가 "처음 100만 달러를 벌기가 제일 어렵다"와 같은 말들은 우위에서 시작하는 사람들이 더 큰 이득을 얻는다는 사실이 이미 정설임을 의미한다. 1장에서 살폈듯이 많은 액수의 원금과 적은 액수의 원금에 같은 비율로 이자가 붙는다고 해도 상대적 마태 효과로 인해 두 예금의 격차는 시간이 지날수록 점점 벌어지게 되어 있다. 이처럼 불평등한 시작은 결국 최종적인 부의 불균형으로 이어진다.

반면에 채권자와 채무자 사이에는 주로 절대적인(상대적이지 않은 정도가 아닌) 마태 효과가 발생한다. 대개는 채무자가 가난해질수록 채권자는 부자가 된다. 주택담보대출을 이용한 경험이 있는 사람이라면 융자금의 이자가 원금과 동등하거나 가끔 초과하기도 한다는 사실을 알고 있을 것이다. 당신의 주머니에서 이자가 빠져나가는 동안 채권자인 은행은 더더욱 부자가 된다. 특히 안정된 금융기관에서 대출을 받을 만한 자격요건을 갖추지 못해 고리대금업자들에게 찾아가 터무니없는 이자율로 돈을 빌려야 하는 사람들의 경우라면 더더욱 그렇다. 실제로 가난한 사람들은 부자들에 비해 똑같은 상품과 서비스, 특히 대출금에 대해 더 많은 대가를 지불한다. 그런 식으로 수많은 사람들이 복리부채의 악순환에 휘말려 다시는 기어 올라올 수 없는 까마득한 구렁텅이로 빨려 들어가는 것이다.

어떤 이들은 상속을 받든 투자를 받든 또는 일을 해서든, 다른 이들보다 상대적으로 많은 자산을 축적한다. 미국의 경우 부는 소득보다도 더욱 고르지 않게 분배된다. 캐너(Asena Caner)와 울프(Edward Wolff)는 만일 소득이 아니라 축적된 자산으로 빈곤 수준을 평가한다면 빈곤률이 지금보다 훨씬 높아질 것임을 증명한 바 있다. 그들은 백인이나 고등교육을 받은 인구집단에 비해 인종적·문화적 소수집단과 낮은 교육 수준의 인구집단이 평균 순자산에 있어 크게 뒤처져 있음을 파악했다. 미국에 거주하는 아프리카계 가구와 히스패닉계 가구의 평균 순자산은 백인 비히스패닉계 가구 평균 순자산의 10분의 1 수준에 불과했다. 나아가 주택소유자들을 위한 세금보조와 퇴직 연금, 자본이득세 및 상속세 감세, 중소기업들을 위한 예산지출 등 국민들의 자산증대를 촉진하는 수많은 연방정책들 가운데 대부분이 이미 상당한 자산을 보유하고 있는 이들에게는 크게 혜택을 주는 반면, 빈곤층의 재정 상태를 향상하는 데는 별반 도움을 주지 못한다. 요컨대 이러한 연방정책들은 가장 우위에 있는 사람들이 자신들의 우위를 강화하고 확장하여 미래의 자손들에게 전할 수 있게 돕고 있는 것이다.

**승진과 보상**

긍정적 피드백 고리는 조직의 승진이나 보상 제도에서도 흔히 발견할 수 있다. 2장에서 언급했듯이 직무평가의 아주 작은 차이가 승진이나 연봉 등 장기적인 결과에 있어서는 어마어마한 격차를 야기할 수 있다. 마텔(Richard Martell), 레인(David Lane), 엠리히(Cynthia Emrich)가 컴퓨터 시뮬레이션을 이용해 이를 실험한 바 있다. 그들은 8단계의 서열로 구성된 조직을 만든 다음, 승진 단계마다 아주 작은 비율(1퍼센트)로 남성선호 성향을 부여했다. 그런 다음 남녀 동등한 숫자로 구성된 집단을 가장 낮은 단계에 투입했다. 그 결과 최고경영자 집단을 의미하는 최상계층에서 남성의 비율이 65퍼센트로 나타났다. 최초의 사소한 차이가 최종 단계에서 거대한 격차를 야기하는 이런 경향은 카오스 이론의 나비 효과와 유사하다. 나비 효과란 베이징에서 나비 한 마리가 날개를 펄럭이면 그 효과가 증폭되어 뉴욕에서 폭풍우가 칠 수 있다는 이론이다.

마태 효과는 조직의 연봉 정책에서도 나타난다. 어떤 회사에서 연봉이 해마다 정해진 비율로 인상된다고 하자. 비서의 연봉은 2만 달러, 최고경영자의 연봉은 20만 달러인데 두 사람 모두 매년 5퍼센트의 비율로 3년 동안 연봉이 인상된다. 비록 인상률은 같지만 막상 3년 뒤를 따져보면 비서의 연봉은 3153달러 늘어나 2만 3153달러인데 비해 최고경영자의 연봉은 3만 1525달러나 늘어나 23만 1525달러다. 심지어 경영자의 연봉 인상분이 비서의 1년 치 연봉보다도 많다! 어떤 이들은 두 사람 다 같은 비율로 연봉이 인상되기 때문에 이런 보상 제도가 공평하다고 할지도 모른다. 그러나 사람들은 비율을 소비하지 않는다. 그들은 돈을 소비한다. 따라서 비서는 경영자에 비해 계속해서 뒤처질 수밖에 없다.

한편 지니계수처럼 전통적인 불평등 척도는 비서와 경영자의 소득격차를 불평등의 증대로 해석하지 않는다. 그들의 연봉 비율은 언제나 동일하며, 따라서 소득 비율 역시 동일하기 때문이다. 경제적 불평등도를 측정하는 다른 방법에 대해서는 부록에서 다시 이야기하도록 하고, 여기서는 그저 복리처럼 이렇게 경제적 불평등 격차가 기하급수적으로 증가하는 현상이 파이어보그(Glenn Firebaugh)가 '격차 불평등(gab inequality)'이라고 일컫는 것의 일종이라고만 말해두겠다. 이처럼 지니계수 같은 척도로 판단할 수 없는 불평등의 형태가 존재한다는 사실을 기억하는 것은 매우 중요하다. 복리와 같은 메커니즘을 비롯해 격차를 늘리는 과정들은 불평등을 심화하는 유일한 요인은 아니지만 분명 보다 큰 퍼즐에서 없어서는 안 될 조각이다.

경제 사다리의 꼭대기에 위치한 사람들과 그 아래 서 있는 사람들 사이의 격차가 심해지면 사회 양극화 현상이 심화된다. 스펙트럼의 한쪽 끝에는 천한 일을 하면서 최저임금으로 근근이 버티며—바버라 에렌라이히(Barbara Ehrenreich)의 생생한 표현을 빌리자면, "푼돈으로 살아가는"—먹고살기 위해 발버둥치는 사람들이 있는가 하면 다른 한쪽 극단에는 프랭크(Robert Frank)와 쿡(Philip Cook)이 '승자독식 사회'라고 부르는 곳에서 우리는 상상조차 못할 어마어마한 보상을 받는 사람들이 있다. 프랭크와 쿡은 대기업 경영진과 운동선수, 엔터테이너, 기타 직업군의 지배계층이 승자독식 시장에서 국내외적으로 치열한 경쟁을 벌이고 있다고 주장한다. 더 정확히 말하자면 "탐욕을 향한 비난과 제재가 점차 완화되는 세상"에서 최상위층이 과잉보상을 받는 시장이라고 말해야 할지도 모르겠다. 프랭크와 쿡은 그런 시장이라면 더 이상 공익을 위해 봉사할 필요가 없다고 주장한다. 스포츠와 엔터테인먼트 분야의 경우, 최초의 사소한 차이가 어마어마한 보상의 차이를 불러올 수 있고 경기장이나 콘서트 입장권의 가격도 그에 맞춰 상승하게 된다. 로젠(Sherwin Rosen)은 슈퍼스타들의 경제체제를 분석한 결과, 텔레비전과 CD, DVD와 같은 커뮤니케이션 첨단기술이 엔터테인먼트 서비스 가격을 상당 부분 낮췄음에도 불구하고 슈퍼스타를 보고 즐기는 관객의 수가 증가하면서 스타들이 요구할 수 있는 보상 규모가 현저하게 증가했다고 보고했다.

　기업 경영진의 보상에 대해 프랭크와 쿡은 그래프(Crystal Graef)의 자료를 인용한다. 1974년에 미국 대기업 경영자들은 제조업 노동자들의 임금 평균에 비해 35배나 많은 보상을 받았다. 1990년대가 되자 그 비율은 120배까지 뛰어 올랐고, 많은 최고경영자들이 1년에 1000만 달러 이상을 받았다. 2000년 즈음에는 최고경영자와 일반 근로자들의 평균 연봉 비율이 525대 1까지 증가했다. 〈이코노미스트〉는 2003년 8월에, 〈포춘〉 선정 100대 기업의 최고경영자의 보수 수준이 한때 일반 근로자의 1000배에 달했으나 강력한 비판과 공적 감시에 직면한 결과 점차 줄어드는 추세라고 보도했다. 프랭크와 쿡은 경제적으로도 이런 천문학적인 액수의 차이는 도저히 이해할 수가 없으며, 애초에 그 돈이 전부 주주나 직원들의 주머니에서 나온 것임을 지적했다. 일반 직원들의 수입은 오랫동안 동결되거나 오히려 감소했지만, 경영자들의 연봉은 하늘 높은 줄 모르고 치솟아왔다.

　승자독식 시장은 프랭크와 쿡이 '군비경쟁'이라고 지칭한 현상에 불을 붙였고, 이 때문에 엘리트들의 임금은 거의 무제한적 경쟁을 거쳐 고공행진을 거듭하게 되었다. '군비경쟁'이 지나치게 심화되는 양상을 보이자 프로 스포츠리그는 입찰경쟁을 억제하기 위해 등록멤버 지정과 연봉상한제, 수익분배제도와 자유계약 제약

등 다양한 제한 협정을 맺기에 이르렀다. 프랭크와 쿡은 대기업 경영진과 주주들 사이에서도 이와 비슷한 '군비경쟁'과 그것을 방지하기 위한 여러 가지 시도가 나타나고 있다고 말한다.

**우위 협상**

마태 효과는 우위에 있는 사람들이 그렇지 않은 사람들에게서 유리한 조건을 이끌어낼 수 있는 협상 테이블에서 극명하게 나타난다. 우위를 거의 갖추지 못한 상태에서 자기 자신이나 가족을 먹여 살리기 위해 일을 찾고 있는 사람을 생각해보라. 엘스터(Jon Elster)는 보유 자산이 거의 없는 상태로 흥정을 하는 사람에 대해 이렇게 언급한다.

> 그는 아주 작은 수익이라도 대단히 중요하기 때문에 어떻든 만족해야 하지만 부자들은 태연하게 "받아들이든 말든 맘대로 하시오"라고 말할 수 있다. 따라서 마태 효과는 착취의 형태로 나타나거나 최소한 적게 가진 자에게 더 많이 주어야 한다는 공정한 분배의 반대급부로 비칠 수 있다. …… 어쩌면 마르크스가 ('잉여가치설'에서) 일부 국제 무역에서 "부유한 국가는 가난한 국가를 착취한다. 심지어 후자가 교환을 통해 이득을 볼 때도 그렇다"라고 했던 대목은 이와 비슷한 것을 염두에 둔 것일지도 모른다.

마태 효과는 대등하지 못한 파트너끼리 거래를 할 때도 발생한다. 국제적인 임금경쟁을 비롯한 여러 요인들 때문에 노동조합이 쇠퇴하자 약자가 된 노동자들은 고용주와의 협상에서 갈수록 더 열세에 몰렸고, 이제 고용주들은 "받아들이든지 말든지 마음대로 하쇼"라고 말할 수 있게 되었다.

**규모의 경제**

마태 효과는 소규모 경쟁자들을 시장에서 몰아내는 대기업의 전략에도 커다란 역할을 한다. 대기업들은 규모의 경제를 통해 가격 우위를 점할 수 있다. 대기업의 거대한 규모와 자산은 경쟁자들보다 낮은 단가로 상품을 생산하거나 원료를 구매할 수 있게 하며, 그 결과 경쟁자들을 쫓아내고 그들의 시장점유율을 뺏어올 수 있다. 최근에 월마트 같은 거대 소매체인들은 작은 도시나 마을에서 오랫동안 가족 단위로 운영해온 영세 사업장들을 몰아내어 지역 상권을 고사시키는 주범으로 비난받고 있는 중이다. 막대한 자산을 보유한 기업들은 경쟁자들보다 헐값에 물건을 판매한 다음 이에 견디다 못한 경쟁자들이 굴복하여 시장을 떠나고 나면 다시 가격을 올리는 수법을 이용한다. 경제학자들이 약탈적 가격 또는 덤핑이라고 부르는 이런 방식을 이용해 큰 물고기가 작은 물고기를 모두 잡아먹어 버리는 것이다.

**독점과 과점, 시장 경쟁**

법률이나 경제적 경쟁의 제한 없이 부와 경제력이 대규모로 집중되는 경우에는 언제나 우위가 누적되는 것을 알 수 있다. 효과적인 반독점 규제법이나 시장의 엄중한 가격 경쟁이 존재하지 않을 때 독점이나 과점 카르텔은 담합이나 가격 조작 같은 방법을 이용하여 가격을 인상해 이윤을 극대화한다.

수확체증의 법칙은 첨단기술 시대에 과점과 독점이 어떻게 형성되는지를 보여준다. 2장에서 지적했듯이 수확체증은 사용자가 늘어남에 따라 상품 가치가 늘어날 때 발생한다. 전화기는 사용자 네트워크가 확장될수록 더욱 가치 있는 기술이 되고 MS와 아마존, 이베이, 구글과 같은 회사들은 새로운 사용자들이 다른 사람들이 이미 사용하고 있는 서비스를 얻으러 몰려들면서 높은 수익을 올리고 시장을 지배할 수 있게 되었다. 그러므로 수확체증의 행위는 기업 사회에 마태 효과를 창출하는 긍정적 피드백 고리로 작용한다.

시장은 이처럼 상품을 이동시키고 시장을 사로잡는 긍정적 피드백 고리의 위력을 오랫동안 알고 있었다. 셔머(Michael Shermer)는 마태 효과(그는 베스트셀러 효과라고도 부른다)를 이용해 탁월한 마케팅 활동이 판매를 낳고 그러한 홍보가 다시 더 많은 판매로 이어지는 자가증식적 순환고리에 대해 설명한 바 있다. 또한 그는 정치 시장에서 마태 효과는 후보자라는 상품들이 시장을 지배하기 위해 서로 다툴 때 발생한다고 말했다. 그는 "여론이나 언론은 특정 후보자에 대해 마태 효과를 발생시킨다. 따라서 사람들은 유권자에 대한 호감과 충성도를 키우게 되고, 일단 언론의 총애를 받는 후보자는 점점 더 많은 총애를 받게 되어 긍정적 피드백 고리가 형성된다"라고 설명했다. 정치학에서는 이를 '밴드왜건 효과'라고 부른다. 문화적 흐름이나 유행이 발전하는 방식 또한 그와 유사하다. 갑자기 새로운 상품이나 행위에 대한 호감이 가속화하면서 티핑 포인트에 이르는 것이다.

## 비례세와 역진세

마태 효과가 작용하는 또 다른 경제 영역은 바로 조세다. 4장에서 우리는 누진세와 역전세, 그리고 비례세 구조가 불평등에 미치는 영향을 탐색할 것이다. 상위의 소득계층에 우선적인 혜택을 주는 역진세와 세금감면은 장기적으로 볼 때 부와 소득을 상향 재분배하여 상대적인 빈부격차를 심화한다. 즉 마태 효과를 부추기는 것이다. 고소득층에게 과세율을 높게 부과하는 연방누진세와 주소득세는 원래 중산층과 저소득층에게 우위를 재분배하는 효과를 노린 혁신적인 것이었다. 그러나 현실적으로는 합법적인 과세회피에 능통한 변호사와 회계사들이 비록 탈세까지는 아니더라도 누진세제의 평등주의적 효과를 현저하게 훼손할 수 있다.

경제 격차를 심화하는 메커니즘은 순환적이고 자가증식적 인과 고리와 연결되어 있다. 복리의 경우 새로운 이자는 다시 원금에 포함되어 더 많은 이자를 벌어들이는 데 사용된다. 급여의 인상분은 다시 기본 급여에 합쳐져 미래의 인상 기준이 된다. 규모의 경제나 우위 협상일 경우에는 지배적 행위자의 규모와 권력이 경쟁자나 하급자의 약점을 쥐고 우위를 차지할 수 있게 해준다. 어떤 경우든 초기의 우위는 확장되고 더 가진 자와 그렇지 못한 자 사이의 격차는 심화되는 것이다.

이러한 순환적 인과와 누적적 인과는 머튼이 마태 효과라는 용어를 고안하기 몇 년 전, 스웨덴 출신의 노벨 경제학상 수상자인 군나르 뮈르달이 발전시킨 개념이다. 뮈르달의 이론은 머튼의 이론과 밀접하게 연관되어 있기 때문에 머튼의 원칙을 이해하기 위해서는 이에 대해서도 상세하게 알아볼 필요가 있다.

## 순환적 인과와 마태 효과: 뮈르달과 머튼의 만남

뮈르달은 미국 내의 인종관계를 연구한 《미국의 딜레마(An Amercian Dilemma)》(1944)에서 백인과 흑인 사이에 악순환의 관계가 존재한다는 사실을 살폈다. 그는 "흑인에 대한 백인의 편견은 흑인들이 삶의 질과 건강, 교육, 예의범절이나 윤리관에서 낮은 수준을 벗어나지 못하게 만들고, 그 결과 흑인들에 대한 백인들의 편견은 더욱 강화된다. 따라서 백인들의 편견과 흑인들의 생활수준은 상호 '인과'적이라 할 수 있다"라고 주장했다. 만약 두 요인 중 하나가 변화하면 나머지 요인 또한 변화하게 된다. 뮈르달의 가정처럼 백인들의 편견과 차별이 심화될 경우 악순환은 점점 더 악화되어 흑인들의 생활수준은 더욱 하락하고 백인들의 편견과 차별 또한 더욱 심화될 것이다. 반면 백인들의 편견의식이 약화되거나 흑인들의 생활수준이 향상된다면 각각의 상대 요인에 긍정적인 영향을 줌으로써 선순환이 발생하게 된다. 이러한 뮈르달의 분석은 머튼이 자기실현적 예언을 다룬 소논문에서 인종간의 관계에 대해 언급한 것과 정확하게 일치한다.

후에 뮈르달은 세계 빈곤연구에 순환적 인과를 적용하여 빈곤이란 악순환의 결과이자 동시에 원인이라고 결론지었다. 뮈르달이 인용한 래그나 너스크(Ragnar Nurske)의 말을 빌리자면 "가난한 자는 먹을 것이 부족하다. 영양분을 충분히 섭취할 수 없으니 건강이 악화된다. 몸이 약하므로 노동력 또한 형편없으며, 이는 곧 그가 가난할 수밖에 없다는 것을 뜻한다. 따라서 그는 먹을 것이 부족하다. 이와 같은 상황이 계속 반복된다." 뮈르달은 이러한 악순환이 부유한 국가들에 비해 경제적으로 뒤처진 빈곤국가에도 적용된다고 주장했다. 그는 이런 빈곤의 악순환을 타파하고 선순환으로 대치하기 위한 방법을 강구했다. "실제로 빈곤 타파와 충분한 식량, 개선된 건강과 노동력의 순환적 관계는 누적 과정이 상승하도록 지탱할 것이다."

경제학자들은 사람들을 가난이라는 덫에 가두는 다양한 인과적 순환에 관해 알고 있다. 배너지(Abhijit Banerjee)와 멀레이너선(Sendhil Mullainathan)은 빈곤과 지역 생산성의 순환 관계를 검토한 바 있는데, 그들은 부유층이 빈곤층에 비해 생산성과 소득의 자가증식적 우위를 즐길 수 있다고 주장했다. 부유층은 집안일에 신경 쓸 필요가 없기 때문에 상대적으로 남는 시간과 에너지를 경제적으로 생산적인 활동에 더 투자할 수 있기 때문이다. 반면 가난한 사람들은 순전히 생존을 위해 관심과 시간, 에너지를 잡아먹는 집안일에 헌신해야 하며 따라서 일터의 생산성은 감소하게 된다.

뮈르달이 묘사하는 빈곤의 악순환은 비단 후진국이나 개발도상국에서만 나타나는 것이 아니다. 에렌라이히(Barbara Ehrenreich)나 시플러(David Shipler) 같은 사회비평가들에게는 돌고 도는 빈곤의 역학에 인간성을 가미하는 능력이 있었다. 시플러는 캐롤라인이라는 한 여성의 이야기를 예로 든다. "승진하는 이들은 캐롤라인이 갖지 못한 것을 갖고 있었다. 바로 치아였다." 캐롤라인이 치아를 잃은 것은 적절한 치과치료를 받지 못했기 때문이었다. 시플러는 만약 "캐롤라인이 가난하지 않았다면 그녀는 치아를 잃지 않았을 것이다. 만약 그녀가 치아를 잃지 않았다면 지금처럼 가난하지도 않았을 것이다"라고 말했다. 적절한 의료관리와 영양공급, 교육, 운송수단, 사회적으로 용인되는 의복과 외모, 사회적 또는 언어적 능력의 부재는 빈곤에서 탈출하는 것을 방해하는 주된 요인이다.

뮈르달이 묘사하는 악순환은 머튼의 마태 효과와 놀랍도록 흡사하다.[3] 뮈르달은 심지어 머튼이 인용한 마태복음 구절도 세 번이나 인용했다. 뮈르달은 이 성경 구절이 "이와 같은 누적 과정을 규제하지 않는다면 불평등이 심화될 것이라는 우리의 분석이 매우 중요하다는 사실을 인정하는" 고대의 역사적 증거라고 생각했다.[4]

머튼의 마태 효과와 뮈르달의 순환적 인과는 모두 우리의 사회 체제에서 피드백 고리가 작용하는 방식에 관한 것이다. 그렇다면 그러한 과정을 좀 더 자세히 들여다보도록 하자. 사이버네틱스 언어와 시스템 이론에서 피드백은 출력값의 일부가 다시 시스템의 새로운 입력값으로 투입되는 순환적 인과 과정이다. 1장에서 지적했듯이 시스템 이론가들은 부정적 피드백 고리와 긍정적 피드백 고리를 구분한다. 부정적인 피드백 고리는 바람직한 목표 또는 안정적인 상태에서 벗어나지 않도록 일탈행위를 억제함으로써 시스템을 안정시킨다. 예를 들어 우리에게 익숙한 자동 온도조절 장치가 그렇다. 자동 온도조절기는 실내의 온도가 너무 내려가거나 올라가면 이를 감지하고 히터나 에어컨을 켜서 적정 온도를 유지한다. 난방 또는 냉방시스템을 작동한 결과값은 다시 시스템에 정보로 입력되어 실질적 또는 적정 온도와 비교됨으로써 차후 실내 온도를 효율적으로 조절할 수 있도록 돕는다. 사람의 체온이나 기타 신체 상태를 조절하는 항상성도 이와 비슷한 논리로 작용한다. 비록 일부 이론가들이 피드백이라는 용어가 의도된 목적이나 목표에 맞춰 시스템을 조절할 때만 사용되어야 한다고 주장하고 있지만 말이다.

반대로 긍정적 피드백 고리는 목표 상태에서 벗어난 일탈행위를 확대함으로써 시스템을 불안정하게 만든다. 예를 들어 앰프나 마이크에서 갑자기 삑 하고 튀어나오는 거슬리는 소리를 생각해보라. 그것은 앰프를 통해 확장된 소리가 다시 가까운 곳에 있는 마이크로 들어가 증폭되고 다시 그 소리가 앰프를 통해 나오는 순환이 반복되면서 나는 소리다. 이러한 일은 대개 시스템이 그것을 억제하는 데 실패했을 때 발생한다. 마태 효과는 외부의 개입이 없을 때 사회체제의 안정성을 해칠 수 있는 자가증식적 순환이 편중될 수 있다는 점에서 긍정적 피드백 고리와 유사하다.

사회체제 내부에서 발견되는 긍정적 피드백 고리의 보다 명백한 사례는 바로 인구폭발이다. 어떤 나라가 인구 규모를 안정시키고 싶다고 하자. 만약 인구재생산이 가능한 성인들이 인구 규모를 유지하는 데 필요한 것보다 더 많은 자녀를 낳는다면 이 아이들은 후에 성인이 되어 재생산 체제에 편입되고 또 다시 많은 자녀들을 낳아 인구과잉이라는 악순환을 만들어낼 것이다. 가족계획이나 산아제한 같은 효과적인 정책을 고안해내지 않는다면 인구는 눈 깜짝할 사이에 불어날 것이다.

마태 효과와 순환적 인과관계는 개인뿐만 아니라 조직과 사회 전체의 불평등 역학을 이해하는 데도 필수적이다. 뮈르달은 "순환적 인과는 사회관계 전반에 유효하게 작용한다. 그것은 경제적 개발과 저개발을 연구하는 데서 주요 가설로 이용되어야 한다"라고 단언했다. 뮈르달은 지역적 수준으로 발생하는 순환적 인과에 대해 다음과 같은 예를 들었다.

어느 지역사회에 공장이 하나 있다. 그 지역 사람들 대부분이 일하던 곳이었는데, 한 번 화재로 불타버린 뒤 다시는 재건되지 못했다. 공장을 소유했던 회사는 망했고 근로자들은 실직상태가 되었다. 이런 상황은 악순환을 야기한다. 소득 감소는 수요의 감소로 이어지고, 지역사회 내 다른 사업체의 수입이 감소하며 그 결과 근로자들이 해고된다. 실직자가 늘어나면서 수요와 소득이 다시금 감소하고, 지역사회는 외부 사업체와 근로자들을 끌어들일 매력을 잃어간다. 악순환에 가속도가 붙으면 거주자들은 더 나은 기회를 찾아 외지로 떠나간다. 인구가 줄면서 세입이 줄고, 지역정부는 세율을 높이거나 학교 지원 또는 서비스 예산을 삭감하며, 따라서 지역사회는 더더욱 매력을 잃게 되어 더 많은 거주민들이 그곳을 떠난다. 열위는 더 심각한 열위를 불러온다. 지역사회는 점차 쇠퇴의 길을 걷게 된다. 순환적이고 누적적이며 끝없는 하강나선이 그려지는 것이다.

이번에는 보다 행복한 운명을 타고난 다른 마을을 상상해보자. 지역사회에 새로운 사업체가 유입되면서 많은 일자리와 소득증가 기회가 창출된다. 소득과 수요가 증가하자 지역 내 다른 상업들도 활기를 띠게 된다. 활발한 지역경제는 새로운 사업과 투자를 불러오고 이는 다시 세입의 증가와 공공 서비스의 개선으로 이어진다. 우위는 더한 우위를 불러오고 계속해서 상승나선을 그린다. 경제학자 폴 크루그먼(Paul Krugman)은 "뉴욕이 위대한 도시라는 지위를 유지할 수 있는 것은 순환적 인과 덕분이다. 사람과 기업들이 뉴욕에 머무르는 것은 다른 사람들과 기업들이 더 나은 기회를 제공해주기 때문이다"라고 말했다.

마지막으로—여기서 우리는 앞에서 든 예가 뮈르달이 그 이후에 제시한 분석과 어느 정도 일치한다고 해석할 수 있다—이 두 지역사회의 운명이 서로 얽혀 있다고 생각해보자. 첫 번째 마을의 공장이 화재로 연소된 것이 아니라 공장주가 공장을 두 번째 마을로 옮김으로써 첫 번째 마을의 경제적 침체와 두 번째 마을의 번영이 초래되었다고 치자. 뮈르달은 누적적 인과 역학이 다른 이들을 희생시킴으로써 일부 마을이나 지역 혹은 국가에 혜택을 준다고 주장했다. 어떤 경제의 번영이 다른 경제의 하락에 원인이 될 수도 있다. 미국의 중공업 지대가 쇠퇴하고 선벨트 지대와 멕시코의 국경도시, 더욱 최근에는 중국이 부상하는 일련의 흐름을 보라.

뮈르달은 정부의 개입이 없는 자유시장이 국가들 간의 불균형을 심화했다고 주장한다. 시장의 힘은 자본과 숙련된 기술력 그리고 그 밖의 자산들을 핵심 지역에 끌어들여 집중함으로써 주변 지역에 악영향을 끼치는 경향이 있다. 다시 말해 열위에 있는 쪽에 부정적인 결과를 발생시키는 것이다. 번창하는 경제활동의 중심지는 변두리 지역에서 이윤과 인재, 원자재와 새로운 자산들을 빼내오게 되고 그 결과 후자는 더욱 뒤처지게 된다. 이러한 과정은 자산이 더 많은 자산을 중심지로 끌어들이는 한편, 주변 지역을 쇠퇴시킴으로써 계속 악순환을 누적한다. 즉 부유한 지역은 점점 더 부유해지고 빈곤한 지역들은 점점 더 빈곤해지는 것이다.

물론 경제적 발전의 모든 혜택이 주변부에서 중심부로 흘러들어가는 것은 아니다. 호황을 누리는 중심지역에서 넘쳐흐른 이득이 아래쪽으로 또는 주변지역으로 흘러들기도 한다. 번화한 중심지에서 변두리 지역의 농업 생산물에 대한 수요가 증가할 수도 있고 광부들에게 새로운 일자리가 창출될지도 모른다. 그러나 이처럼 부유한 지역에서 가난한 지역으로 흘러가는 파급효과가—다시 말해 덜 가진 이들에게 긍정적인 결과가—반드시 중앙부와 주변부의 보다 평등한 관계로 귀결되는 것은 아니다. 뮈르달은 결국 역류효과가, 적어도 저개발국에서는 파급효과를 능가할 것이라고 주장했다. 중심부는 주변부에 대해 돌려주기보다 빼앗는 것이 많다. 경제 집중의 구심력은 일반적으로 파급효과의 원심력을 능가하며, 그 결과 중심부와 주변부의 불평등을 심화한다. 따라서 경제 중심부가 번창을 거듭할수록 주변부는 정체되거나 도리어 악화되는 경향이 있다. 더구나 "이러한 경향은 가난한 국가일수록 더욱 크게 나타난다." 뮈르달은 이러한 역학관계가 단순히 한 국가 내에서뿐만 아니라 국가와 국가 사이에도 불생하며, 그로 인해 세계적으로 경제적, 도덕적 불평등이 발생한다고 보았다.

지금까지 우리는 자유방임주의 체제에서 시장의 역할에 초점을 맞춘 뮈르달의 견해를 살펴보았다. 그는 그것이 불평등을 초래하는 조건 중 하나라고 여겼다. 그렇다면 만약 국가가 보다 평등하고 공정한 정책을 실천한다면 시장체제의 불균형을 완화할 수 있을까? 국가의 정책이 지역들 간에 나타나는 역효과를 상쇄하고 파급효과를 증진시킬 수 있을까? 뮈르달은 민주적이고 평등한 공공정책의 가치를 강조한다. 그는 저개발국에서 볼 수 있는 경제력의 집중이 실제로는 정치권력의 지나친 집중과 연관되어 있다고 말한다. 그러한 비정상적인 집중화가 경제와 국가 간의 인과적 악순환을 부르며, 경제 지배층은 이를 통해 준봉건적인 정치제도를 지배하고 정부 권력을 활용하여 그들의 경제적 우위를 다진다.

반대로 경제적으로 보다 발전된 사회에서는 비교적 민주적이고 공평한 정치체제를 유지하고 경제지배층이 자신들의 이득을 위해 정치적 절차를 좌우하지 못하도록 제한한다(라틴 아메리카에서 흔히 볼 수 있는 과두정치와 뮈르달의 모국인 스웨덴의 사회민주주의를 대조해보라). 뮈르달의 견해에 의하면 현대의 복지국가는 자국의 저개발 지역에 파급효과를 촉진하는 개발 정책을 추구할 가능성이 크다. 부유한 선진 경제에서는 가진 자들이 '합리적 관용'을 베풀고 '희생을 감내'하는 정책을 받아들이도록 유도한다. 민주주의와 경제적 평등은 선순환을 통해 서로를 강화한다. 뮈르달은 그러길 바랐다.

현대 민주주의의 공공정책은 과연 부와 소득을 보다 균등하게 분배하는 데 성공했는가? 우리가 사는 이 세계는 자산 분배에 있어 예전보다 평등해졌는가? 이는 매우 복잡하고 어려운 질문이다. 그 대답은 우리가 불균형을 어떠한 기준으로 정의하고 판단할 것인지에 달려 있다. 이에 대해서는 부록에서 다시 논할 것이다. 그렇지만 대체로 우리는 미국을 비롯한 전 세계가 지난 수십 년 동안 크게 번영했고, 중국과 인도를 포함한 몇몇 개발도상국가들이 다른 국가들에 비해 현저하게 발전함으로써 최부유국들과 최빈곤국 사이의 불균형은 대체로 커졌다고 말할 수 있을 것이다. 동시에 미국과 중국, 인도를 비롯한 대다수 국가들 사이의 경제적 불균형 역시 심화되는 조짐을 보이고 있다.[5]

| CHAPTER 04 |

# 정치와 공공정책 분야의 마태 효과

---

The Matthew Effect

The Matthew Effect

이 장에서 우리는 정치 분야로 관심을 돌려 권력이 어떻게 더욱 큰 권력을 끌어당기는지에 초점을 맞출 것이다. 앞서 경제적 우위의 누적에 대해 살폈으니 여기서는 정치적 삶에서 중요한 역할을 수행하는 자가증식 또는 비증식의 추이를 예를 들어 폭넓게 들여다보기로 하겠다. 각각의 간략한 예들은 정치적 마태 효과에 대한 심도 있는 연구에 의미 있는 방향을 제시해줄 것이다.

  실제로 정치와 경제를 따로 분리해 생각하는 것은 불가능하다. 이 두 분야는 너무나도 밀접하게 얽혀 있어서 경제적 우위가 정치적 우위로 변하거나 또는 그 반대의 경우 역시 흔히 볼 수 있기 때문이다.[1] 부(富)는 정치적 행위자가 누적되는 정치권력에 돈을 투자하고 전략적 캠페인과 값비싼 언론 플레이, 그 밖의 다른 수단들을 통해 영향력을 행사할 수 있게 해준다. 그리고 그 대가로 정치권력은 그들의 재정적 이익에 영향을 미칠 법안을 통과시키거나 반대하도록 도와주는 것이다. 이런 점에서 경제적 우위는 보다 우월한 정치적 우위를, 정치적 우위는 보다 우월한 경제적 우위를 불러옴으로써 무한한 순환 고리를 형성할 수 있다.

## 정치 분야의 마태 효과

자가증식적 순환은 정치학에서 흔히 볼 수 있는 현상이다. 실제로 정치학자들은 이를 설명하는 데 있어 '마태 효과'라는 용어를 거의 사용하지 않지만, 그들의 연구 중 상당 부분이 이 주제와 깊이 연관되어 있으며 순환적 인과 과정에 대해서도 활발한 연구가 진행되고 있다. 마태 효과가 정치 분야에서 어떻게 작용하는지 간단히 살펴보자.

**누적적 국가 권력**
정치사에서는 국가 권력을 사용해 국가 권력을 더욱 강화한 사례들을 쉽게 찾을 수 있다. 이매뉴얼 월러스틴(Immanuel Wallerstein)

은 다음과 같은 예를 제시했다.

> 국가 조직은 티핑 메커니즘(tipping mechanism)과 관련이 있다. 권력은 특정 시점에 이르면 더욱 크고 강력한 권력을 구성하게 된다. 국가는 거둬들인 세금으로 보다 크고 효율적인 시민 관료제와 군대를 얻고, 그 결과 더욱 큰 세입을 창출한다. 이런 과정은 끝없는 나선을 그리며 상승한다. 한편 티핑 메커니즘은 반대 방향으로 작용하기도 한다. 약세가 점점 더 심각한 약세를 불러오는 것이다.

요컨대 이 점에서 국가는 이윤을 추구하는 기업과 똑같은 방식으로 움직인다. 메커니즘을 유지하고 확장하는 데 수익의 일부를 투자하여 더 많은 수익을 얻어내는 것이다. 자본 축적의 기본 원리는 두 경우 모두 동일하다. 다만 국가는 자본을 축적하기 위해 손쉽게 무력을 사용할 수 있다는 점이 다를 뿐이다. 인류의 역사를 통해서도 알 수 있듯이 무력과 강제력은 정치 자원을 축적하는 데 있어 매우 효율적인 수단이 될 수 있다.

### 현직의 우위

민주정치 체제에서 나타나는 마태 효과의 가장 뚜렷한 예는 바로 현직의 우위에서 드러난다. 정치적 행위자들은 우위를 확보하기 위해 직위를 이용하는 경향이 있다. 경제적 행위자들이 더 많은 돈을 벌기 위해 돈을 투자하는 것처럼 그들은 더 큰 권력을 좇아 권력을 투자한다. 이미 의원직에 앉아 있는 정치가들은 명성을 쌓을 기회는 물론, 도전자들은 좀처럼 얻기 힘든 정치자금을 모금할 기회까지 얻을 수 있다. 미국의 경우 상원의원은 경쟁자들보다 다섯 배, 그리고 하원의원은 네 배 이상의 자금을 모금하는 경향이 있다. 1964년 이래 미국 상원의원의 81퍼센트와 하원의원의 93퍼센트가 재선에 성공했다는 사실은 그리 놀랍지도 않다. 다시 말해 정치적 지위를 확보한다는 것은 더욱 든든한 발판을 마련할 수 있다는 의미다.

그렇다면 어째서 현직 의원들이 자금모금에서 압도적인 우위를 점할 수 있는 것일까? 현직 공무원인 의원들은 하나 또는 그 이상의 이해집단이 선호하는 법률을 발의할 수 있는 실질적 또는 인지적인 권력을 지니고 있기 때문이다. 따라서 후원자들은 주식투자를 하듯 정치가들에게 투자하는 것이다. 반면에 선거운동에 대한 기부활동은 정치적 접근권이나 영향력을 반드시 보장하는 것이 아니며(이는 앞으로 수익을 '낼 수도 있는' 주식에 투자를 하는 것과 같다), 그저 접근권과 영향력을 행사할 '가능성'을 높일 뿐이다. 어떤 도전자들은 선거에 당선될 경우 호의를 제공하겠다는 암시를 보냄으로써 선거자금을 모금할 수도 있지만 이런 전략은 오직 그가 승리할지도 모른다는 합리적인 전망이 가능할 때만 사용할 수 있다. 그렇지만 현직이라는 영속적 우위는 그러한 전망을 능가할 수 있다.

**밴드왜건 효과와 언더독 효과**

선거 제도의 마태 효과를 보여주는 또 다른 예시는 밴드왜건 효과다. 밴드왜건 효과란 허버트 사이먼(Herbert Simon)이 여론조사가 선거 결과에 미치는 영향력을 묘사하기 위해 만든 용어다. 사이먼은 여론조사에서 한 후보자가 우세하다는 결과가 나올 경우 사람들이 승자의 편이 되고 싶은 마음에 당선될 공산이 큰 후보자의 밴드왜건으로 갈아탄다는 가정을 세웠다. 따라서 후보자는 기존보다도 더 큰 지지를 받게 된다. 다시 말해 여론조사 결과를 공표하는 것만으로도 열세에 있는 후보자를 낙담시키고 그 지지자들이 투표를 포기하게 할 수 있는 것이다. 한편 사이먼은 밴드왜건 효과와 반대되는 '언더독 효과'도 제시했는데, 언더독 효과는 일부 유권자들이 지고 있는 후보자에게 동정심을 느낀 나머지 지지하는 후보를 바꾸는 것이다. 이 두 견인효과의 존재와 위력에 대한 후속 연구는 주로 동시에 이루어지는데, 대체로 상당한 밴드왜건 효과가 발생하여 언더독 효과를 능가한다는 사실이 밝혀졌다.

견인효과가 아주 미미하다 할지라도 치열한 접전이 예상되는 선거에서는 결과를 뒤바꿀 수 있다. 나아가 경마에서 유력한 우승마에게 내기 돈이 몰리는 것처럼 후보자들의 선거자금 모금 양상에도 상당한 영향을 끼칠 수 있다. 소위 돈이 돈을 부르는 현상은 정치자금 모금에서도 나타나기 마련인데, 이는 모금운동의 관성 또는 타성이 모금액을 증가시키거나 또는 감소시킬 수도 있음을 의미한다. 모금액이 많으면 많을수록 당신은 계속해서 더 많은 자금을 모을 수 있게 된다. 거꾸로 모금액이 적으면 적을수록 당신은 더 적은 자금을 모으게 된다.

**정치적 타락**

아무리 합법적인 캠페인이라도 정치가나 정치가 지망생이 개인적 또는 정치적 출세를 위해 영향력을 행사하기 시작하면 부패할 수밖에 없다. 노골적인 뇌물수수와 유권자 매수를 비롯한 부정행위는 정치가들의 배를 불려줄 뿐만 아니라 그들의 영향력을 매수해 개인적 이득을 취하고자 하는 이들에게도 이득을 준다. 그러므로 뇌물 같은 부정행위는 권력자의 우위를 강화한다. 동시에 그러한 대가를 감당할 수 없는 가난하고 힘없는 이들은 열세에 몰릴 수밖에 없다. 그렇지만 이런 부정행위는 어둠 속에 감춰져 있을 때만 효과를 발휘한다. 사실이 발각되면 부정부패 관련자들은 강력한 정치적 역풍을 맞아 권력을 잃게 될 것이다. 어떤 마태 효과는 오직 어둠 속에서만 작용한다.

### 게리맨더링

마태 효과는 특정 정당에게 유리하도록 선거구를 부당하게 개정하는 게리맨더링(gerrymandering)을 통해 발생할 수도 있다. 이런 현상은 주로 다수당이 다음 선거에서 더욱 압도적으로 승리하기 위해 정치권력을 발휘해 선거구를 재편할 때 일어난다. 미국의 거대 양당은 이런 선거구 개정 게임을 매우 오랫동안 해왔는데, 때로는 매우 뻔뻔스러운 짓을 저지르기도 했다. 예를 들어 텍사스 주 의회에서 다수당을 차지하고 있던 공화당은 2003년, 하원 원내대표인 톰 딜레이(Tom DeLay)의 지휘 아래 텍사스 하원의원 선거구를 완전히 재편성하여 차후 하원의원 선거에서 그들의 지배력을 강화하려 했다.

### 사법제도의 계급적 우위

마태 효과가 미국의 사법제도에서도 효과를 나타내는 것을 볼 수 있다. 민사사건이든 형사사건이든 막대한 자원을 보유한 개인이나 조직은 평범한 시민들은 꿈도 꾸지 못할 값비싼 변호사를 고용할 수 있다. 라이먼(Jeffrey Reiman)의 《부자는 더욱 부자가 되고 가난한 자는 감옥에 간다(*The Rich Get Richer and the Poor Get Prison*)》(2001)에 따르면 화이트컬러 범죄는 피해 금액이 훨씬 적은 비폭력 길거리 범죄보다도 기소 확률이 훨씬 낮을 뿐만 아니라 처벌도 비교적 관대한 수준에 그친다. 그 결과 교도소에 수감된 죄수들 중에는 저소득층 출신이 압도적으로 많다. 이 책에서 라이먼은 사회체제 전반에 걸친 계층편향의 경향을 뒷받침하는 증거를 제시한다.

<u>가난한 이들은 동일한 범죄 행위에 대해</u>(레이먼의 강조) 체포될 공산이 더 크다. 체포될 경우 기소될 공산이 더 크고, 유죄판결을 받을 공산 역시 더 크다. 만약 유죄판결을 받는다면 실형을 받을 공산이 크다. 그리고 만약 실형을 선고받는다면 중산층이나 고소득층에 비해 높은 형량이 선고될 공산이 크다.

형사법제도에서 나타나는 계급편향적 인식은 인종 프로파일에서 볼 수 있는 것처럼 주로 인종이나 민족에 대한 편향적 태도와 관련이 있다.

감옥은 많은 가난한 젊은이들이 삶의 내리막길을 걷게 되는 시작점이다. 교도소에서 출소한 그들은 갑자기 힘들고 험한 세상과 조우하게 된다. 특별한 기술도 없고 전과자라는 낙인이 찍힌 몸으로는 일자리를 구하기가 쉽지 않다. 많은 수감자들이 기나긴 오르막을 올라가는 데 필요한 자산은 하나도 없이, 처음 교도소에 들어왔을 때보다 더욱 열악한 처지로 문을 나서게 된다. 그래서 그중 많은 수가 다시 감옥으로 돌아와 악순환을 반복하는 것이다. 심지어 매춘처럼 비교적 사소한 범죄를 저지른 사람들마저도 이런 악순환에서 벗어나려면 매우 고통스럽고 불확실한 과정을 겪어야 한다. 열위가 열위를 불러온다는 마태 효과의 가혹한 이면에서는 범죄가 범죄를 불러오는 경우가 너무도 많다.

법 집행은 설사 좋은 의도라 할지라도 계급 불평등을 강화할 수 있다. 범죄학자 웨슬리 스코건(Wesley Skogan)은 휴스턴의 치안 프로그램을 조사한 결과, 백인과 주택소유자들이 다른 집단에 비해 해당 프로그램에 대해 더 잘 알고 있고, 프로그램과 관련된 지역사회 조직에 속해 있는 경우가 많았으며, 따라서 그것을 유리하게 활용할 수 있음을 발견했다. 치안 프로그램은 지역사회의 범죄발생률을 전반적으로 떨어뜨린 듯 보였으나 그러한 혜택은 주로 가장 우위에 있는 구성원들에게 집중되는 경향을 보였다. 스코건은 그 프로그램이 의도치 않은 마태 효과를 발생시킴으로써 실제로 이 프로그램을 가장 절실히 필요로 하는 임대주택 거주자들이 아니라 백인 중산층 주택보유자들에게 가장 이롭게 작용했다고 결론지었다.

**인종과 문화적 불평등**

마태 효과는 인종과 민족 관계에서도 흔히 발생한다. 여기서는 주로 아프리카계 미국인의 불리한 처지에 초점을 맞출 테지만, 히스패닉과 그 외 다른 인종그룹에서도 이와 비슷한 역학이 영향을 미친다.

군나르 뮈르달은 미국의 인종 관계를 다룬 자신의 유명한 분석에서 소수인종 집단의 열위가 백인의 인종에 대한 태도를 강화하며 그들의 그러한 태도가 또다시 소수인종의 열위를 강화한다고 주장했다. 머튼도 자기실현적 예언에 대한 유명한 소논문에서 그와 비슷한 주장을 했다. 교육과 고용 기회에 있어 소수인종의 열위는 그들이 열등하다는 백인들의 편견을 강화하고 그들의 불리한 처지를 심화하는 차별적 관행을 정당화한다. 이렇게 악순환이 거듭됨에 따라 소수인종은 기회를 박탈당하고 지배집단 사이에는 소수인종의 빈곤을 지속시키는 인종차별적 의식이 자리 잡는다. 나아가 소수인종의 빈곤상태는 다시 인종차별적 믿음을 강화하는 쪽으로 해석된다. 개입을 통해 이러한 악순환을 타파하지 않는다면 못 가진 자는 계속해서 열위를 심화하게 될 것이다.

　악순환은 백인들이 도심, 그리고 도심의 주요 거주자인 소수인종에게서 탈출하는 데서, 아니 정확히 말하자면 '중산계급의 탈출'로 인한 거주지 분화 현상에서 뚜렷이 나타난다. 그러한 탈출 현상으로 인해 교외지역은 번성하고 부동산 가치가 상승한 반면, 도심 주거지는 상대적으로 더욱 빈곤해졌다. 이러한 주거 분화 현상으로 고통 받는 것은 주로 흑인 주택소유자들이다. 대부분의 가구에서 주택 소유권이 부를 축적하는 기본 수단이기 때문이다. 올리버와 샤피로는 "백인 주택의 평균 가격은 흑인이 소유한 주택에 비해 대단히 빠른 속도로 상승한다"라고 말했다. 이런 거주지 분화 현상은 마태 효과를 야기하며, 따라서 미국 사회의 백인과 흑인 간의 경제적, 정치적 격차는 점차 커진다.

흑인들은 부동산 시장에서도 불리한 처지에 놓여 있다. 불공평하게도 흑인들은 잠재적 저소득층 주택구매자들을 대표하기 때문에 다른 사람들보다 서브프라임 모기지론의 대상이 되기가 쉽다. 올리버와 샤피로에 따르면 금융기관들은 "흑인 대출자들에게 더 높은 이자율을 부여하고 더 높은 수수료를 요구하며, 연체료와 일시상환, 변동금리 같은 유난히 가혹한 조건들을 내거는 경향이 있다." 약탈적 융자라고 불리는 이런 금융 장치들은 안 그래도 취약한 이들을 빚더미와 더욱 열악한 환경 속으로 내몰게 된다. 다른 모든 소비시장에서처럼(기름이나 보증금, 자동차 구매, 이자, 보험료 등에서도) 가난한 이들은 주택 시장에서도 다른 집단에 비해 더 많은 돈을 지불하는 경향이 있다.

소득 격차는 백인과 흑인의 불평등을 더욱 심화한다. 올리버와 샤피로는 "수익이 증가할수록 부가 축적된다. 왜냐하면 높은 소득을 올리는 집단은 자산을 더욱 빨리 쌓아 올려 새로운 자산을 축적할 수 있으며" 저축률은 소득과 함께 증가하기 때문이다. 이런 투자와 저축의 증가 패턴이 백인 가구에 편중된 혜택을 가져다주는데, 소득 중 여유분이 많을수록 높은 소득으로 인한 우위에 가속도가 붙기 때문이다.

  올리버와 샤피로는 소득보다 축적된 자산이야말로 경제적 우위를 판단하는 중요한 척도라고 주장했다. 설사 소득 수준이 동일하더라도 보유 자산에 있어서는 현저하게 차이가 날 수 있기 때문이다. 가구의 경제 수준을 판단하는 도구로서 소득에만 초점을 맞춘다면 소득은 비슷하지만 가난한 사람들과 부유한 사람들 사이에 존재하는 기회구조와 그에 대한 접근권의 격차를 왜곡할 수 있다.

  미국의 백인 기득권층과 흑인 가정의 자산 격차는 소득 격차보다도 더욱 극심한 수준이다. 앞에서도 말했듯, 흑인과 히스패닉 가구가 축적한 자산은 백인 가구 평균의 10분의 1에도 미치지 못한다. 올리버와 샤피로는 이런 극단적인 불균형에 몇 가지 원인이 있음을 밝혔다. 첫째, 노예제가 존재하던 시절에 만들어진 국가정책들이 인종차별적이라서 흑인보다 백인에게 유리하기 때문이다. 제2차 세계대전 이후 미국 정부는 연방주택공사(FHA)의 대출 프로그램을 활용해 교외의 주택가 건설을 장려했는데, 초기에 흑인들이 백인 거주 지역으로 옮겨가는 것을 제한하는 계약을 강제했다. 이같은 인종차별의 결과로 백인들은 주택융자를 받는 데 있어 흑인들보다 훨씬 높은 우위를 점할 수 있었다. 자본이득세율 인하, 모기지 금리 및 재산세 삭감 같은 정부의 다른 정책들 역시 가난한 사람들을 희생시키고 자산 소유자들에게 실질적인 혜택을 안겨주었다. 둘째로, 흑인 실업가나 영세상인들은 백인 시장에 대한 접근이 가로막혀 뚫고 들어갈 수 없었지만, 백인 사업가는 비교적 아무런 장애 없이 흑인 시장에 접근할 수 있었다. 마지막으로, 흑인들은 낮은 임금과 교육 부족 등 여러 요인들 때문에 백인만큼 경제적 우위를 확보하지 못했고 그 결과 한 세대에서 다음 세대로 실질적인 자산을 물려줄 수가 없었다. 그리고 바로 이 지점에서 마태 효과가 끼어들게 된다. 자산 상속은 다음 세대가 더 많은 자산을 모을 수 있게 도와주며, 반대로 상속할 자산이 없다면 다음 세대는 끝없는 빈곤의 구렁텅이에서 살아가야 한다. 이런 식으로 많은 흑인 가족들이 저축은커녕 날마다 입에 풀칠을 하기 위해 투쟁해야 했다면 백인 가구들은 자산을 축적하고 이를 자손들에게 물려줌으로써 계속해서 우위를 강화해 나갔다. 윌슨(William Julius Wilson)의 표현대로, 그런 특권을 받지 못한 이들은 "열악한 조건을 축적하여 …… 다음 세대에 물려주었다."

노동 시장의 세계화와 그로 인한 제조업 일자리의 수출은 아프리카계 미국인 커뮤니티를 위협하는 또 다른 요인이다. 미국 도시에서 육체 노동자의 일자리가 사라졌을 때 그로 인한 실업률 증가는 유독 소수인종 지역사회에 심각한 영향을 끼쳤다. 이는 흑인의 실업률이 백인에 비해 두 배나 높다는 사실로 확인할 수 있다. 실업률은 가정불화와 개인적, 사회적 문제행동 등과 같은 부작용을 야기하는데, 이는 처음부터 열위에 있던 사람들을 더욱 불리하게 할 뿐이다. 가정불화가 있거나 편부모일 때는 저축을 하거나 자산을 축적할 여지가 줄어든다.

이러한 요소들이 모두 백인과 흑인의 자산 격차를 늘린다. 어떤 이들은 인종에 따른 누적 우위의 부정적 효과에 대항해 정치적인 집단행동이 필요하다고 주장하는데, 피진(Joe Feagin)은 미국 역사에서 백인들의 부와 권력, 특권을 재생산해준 "수백 년에 걸친 부당한 부의 축적과 불공평한 빈곤"에 대해 더욱 지대한 관심을 기울일 필요가 있다고 주장했다. 그는 또한 미국의 경제력이 애초에 아프리카계 미국인들의 노동력을 착취함으로써 축적되었으며 그렇게 착취된 부가 인종차별적인 조직이 만들어낸 인종차별적인 인식—편리하게도 당사자들은 전혀 깨닫지 못하는 '진실된 허구'—을 통해 백인 특권층 사이에서 세대를 거듭하며 상속되었다고 주장했다. 그는 백인들의 경제적 우위와 흑인들의 열위는 결코 따로 분리할 수 없으며 후자야말로 전자를 가능케 한 원인이라고 결론 내렸다.

최근에는 일단의 정책분석가들 사이에서 오랫동안 지속되었던 극심한 인종적, 민족적 부의 불평등을 바로잡기 위한 움직임이 진행 중이다. 이제까지 미국의 연방정책은 주택소유권과 대학교육, 사업 개발, 그리고 은퇴 연금 등에 유인책과 보조금을 활용하여 주로 중산층과 상류층의 자산 축적에 혜택을 부여했다. 그러나 포드 재단이나 CFED(Corporation for Enterprise Development)와 같은 단체들이 민간부문과 공공부문에 적극적으로 개입하여 아프리카계 미국인과 가난한 백인들, 그 외 사회적 약자 집단의 자산 축적을 돕는 몇 가지 정책들을 제안했다. 빈곤층의 자산형성을 돕는 가장 기본적인 정책은 자녀들에게 은행계좌를 열어주는 것이다. 이 제안에 따르면 미국의 모든 아동들은 탄생 즉시 정부나 민간단체에서 일정액의 금액이 예치되어 있는(샤피로는 1000달러, 보샤라는 6000달러) 통장을 받게 된다. 샤피로의 제안에 따르면, 가족들이 돈을 저축할 때마다 정부도 같은 액수를 지원하며 외부 지원은 뛰어난 학업 성적을 얻거나 졸업, 지역봉사활동, 아르바이트, 재무지식 개발 같은 특정한 일을 했을 때 제공된다. 또 다른 이들은 열악한 환경에 있는 성인들(개인개발계좌 또는 IDA)이나 주택을 구입하려는 사람들(불입계좌)—대부분의 가구에 자산을 형성하는 가장 중요한 수단은 주택이기 때문—에게도 이와 비슷한 프로그램을 실시할 것을 제안한다. 정책분석가들은 소수에게 부가 집중되는 세금정책을 재정비할 것을 권고하고 있다. 이렇게 함으로써 우리는 부의 상향식 재분배 제도를 반대로 되돌리고, 세금정책을 중산층과 저소득층 가구에 유리한 것으로 대체하며 샤피로가 말한 "금권정치를 향한 움직임"을 막을 수 있다. 이런 정책은 빈곤층의 대명사로 여겨지는 흑인이나 히스패닉 같은 소수인종뿐만 아니라 백인 빈곤층에게도 유익한 혜택을 줄 수 있다.

그러나 만약 이런 정책을 실행한다 하더라도 이제껏 오랫동안 특권층에게 이득을 안겨준 마태 효과의 강력한 힘이 적절히 상쇄될 수 있을지는 아직 미지수다.

**조직 정치**

마태 효과는 집단 간의 관계라는 거시적 수준(계층이나 인종)뿐만 아니라 조직 정치라는 미시적 수준에서도 발견된다. 이제 부의 분배에서 권력의 분배로 관심을 돌려보자. 부와 권력은 어떤 조직에서건 밀접한 관계를 맺고 있다. 권력을 이용해 권력을 확장하는 일이 정부조직에서만 발생하는 것도 아니다. 그런 전략은 기업과 학교, 종교단체 등 다양한 조직의 내부정치에서도 찾아볼 수 있다. 캔터(Rosabeth Moss Kanter)는 조직 내에서 영향력 있는 위치에 있는 이들이 자신의 직위와 동맹관계, 그리고 상대적인 행동의 자유라는 우위를 통해 하급계층에 비해 더욱 많은 것을 성취할 수 있음을 알아냈다. 한편 낮은 위치에 있는 이들은 '권력의 내리막길'에 갇혀, 규칙을 무시하고 텃세를 부리며 비효율적인 전략을 이용해 얼마 안 되는 통제권을 얻기 위해 절박하게 뛰어다닌다. 캔터는 "권력은 한 번 차올랐다가도 다시 기울게 마련이다"라고 했다. 그러나 개인적인 수준에서 "권력은 더 큰 권력을 가져오고, 계속해서 꼬리를 물고 증가한다. 한편 무력함은 더 큰 무력함을 불러온다."

역사적으로 항상 조직의 밑바닥에서 남성의 권위에 복종해야 한다고 교육받아온 여성이 그들의 발전과 성공을 방해해온 편견 가득한 마태 효과, 또는 로시터가 '마틸다 효과'라고 부른 것에 반기를 들기 시작한 것은 대단히 최근의 일이다. 앞서 언급한, 직장에서 일어나는 누적 우위와 누적 열위에 관한 발리언의 연구는 초반의 아주 작은 차이가 시간이 지나면서 거대한 격차가 될 수 있음을 강조한다. 이러한 사실을 설명하기 위해 그녀는 마텔, 레인, 엠리히의 컴퓨터 시뮬레이션을 인용하는데, 그것은 시작 단계에서 약간 우위에 있던 남성이 기업 내 8단계의 서열 구조를 거치면서 점차 거대한 우위를 얻게 되는 과정을 보여준다. 이 시뮬레이션에서 남녀 직원들은 처음에는 각각 같은 수로 출발하지만 조직의 최상층에 이르면 남성의 수가 여성의 수를 크게 압도한다. 발리언은 마태 효과를 전도하거나 상쇄하여 여성이 조직 내에서 더 큰 권력을 얻을 수 있는 다양한 전략을 제시하는데 그중에는 의사결정자들에게 누적적 우위의 개념을 이해시키는(그리고 그 실례를 제시하는) 훈련도 포함되어 있다.

과연 여성들은 권력을 쥐게 되면 자신의 힘을 더욱 평등한 조직을 만드는 데 투자할까? 여성이 남성에 비해 극단적 불평등에 더욱 큰 반감을 가진다는 몇 가지 증거가 있다. 탱(Thomas Tang)은 한 실험에서 남성과 여성에게 세 단계로 구성된 조직의 연봉 수준을 직접 결정하라고 지시했다. 이때 중간 단계의 연봉은 2만 달러로 고정되어 있었는데, 여성들은 남성에 비해 세 단계 간의 연봉 격차를 보다 적게 설정하는 경향을 보였다. 탱은 이를 여성이 일반적으로 남성에 비해 마태 효과에 덜 찬동한다는 의미로 해석했다.

조직생활의 마태 효과에 관한 또 다른 연구에서 개브리스(Gerald Gabris)와 미첼(Kenneth Mitchell)은 실적에 기반한 성과급 제도가 직원들의 사기에 의도치 않게 영향을 미치는 마태 효과를 일으킬 수 있음을 발견했다. 직무평가를 높게 받은 직원들은 사기가 진작될 수 있지만 실제로 가장 개선이 절실한 직원들에게는 분노와 거리감, 심지어 생산성 하락을 불러올 수도 있다는 것이다. 요컨대 마태 효과는 직장에서 모순적인 결과를 야기함으로써 조직 정책이 의도한 효과를 훼손할 수 있다.

**삶의 기회와 의료 정치학**

또한 마태 효과는 의료 정치학 분야에서도 발동된다. 삶의 모든 분야가 그렇듯, 이 분야 역시 경제적 불평등이 결정적인 영향을 끼친다. 그것은 삶의 기회를 결정하고, 삶에 이로운 것을 가져다 줄 기회구조에 접근할 수 있는 다양성을 결정적으로 구체화할 것이기 때문이다. 단순히 물질적인 것을 넘어 건강을 비롯해 인간다운 복지에 필요한 여러 가지 것들을 말이다. 마태 효과는 집단 전체의 삶의 기회에 중대한 영향을 끼칠 수 있다. 대니퍼(Dale Dannefer)는 연령 집단이 나이가 들면서 놀랍도록 이질적으로 변한다는 사실을 발견했다. 재정적으로는 물론(부자들은 못 가진 자들에 비해 훨씬 빠른 속도로 더욱 부자가 된다) 건강 등 다른 모든 부문에서 같은 현상이 나타났다. 부자로 삶을 시작한 사람이 나이가 들수록 더욱 부를 쌓아가는 것처럼 처음부터 우위에 서 있는 사람들은 더욱 긴 기대수명을 갖는 마태 효과가 발생하는 것이다. 미국의 노인 인구가 지금처럼 풍요로운 삶을 영위할 수 있었던 적은 없었다. 한편 이 같은 발전에 가려 1980년대 이후로 50대 이상의 인구에서 빈부격차가 점점 더 심화되었다는 사실이 간과되고 있는 것도 사실이다. 대니퍼는 경제 파도가 상승하면 모든 배가 함께 떠오른다는 애덤 스미스의 주장에 대해 "비록 번영의 파도가 높게 솟구친다고 해도 모든 배가 함께 솟구치는 것은 아니며, 또한 그 상태로 유지되는 것도 아니라는 당혹스러운 증거들이 존재한다"라고 말했다. 나아가 모든 이들이 배를 가지고 있는 것도 아니고 심지어 양극화를 허용하는 사회 체제에서라면 최고의 호황기에도 누군가는 물에 빠져 죽을 수도 있다. 특히 미국에만도 4000만 명에 이르는 건강보험 미가입자는 의료자원에 손쉽게 접근할 수 없기 때문에 익사를 무릅쓰고 있는 형편이다.

공공정책은 삶의 기회에 있어서 경제계층이 받는 영향을 어느 정도 완화할 수 있다. 캐나다의 한 연구에서는 1960년대 이후 사회경제 집단 간 영유아 사망률의 격차가 감소하고 있는 데 대해 어느 정도는 국가의 의료보건 정책이나 프로그램의 도움이 크다고 보고했다. 그러나 이 같은 "캐나다의 상황은 세계적인 양상과는 대조적이다. 산업국가와 그렇지 않은 국가들의 영아 사망률은 그 격차가 점차 증가하고 있는 추세이다." 드자크파수(Susie Dzakpasu) 등이 쓴 보고서는 이렇게 지적한다. 보다 광범위한 세계적 맥락에서 "우리는 마태 효과를 발견했다. …… 시간이 흐름에 따라 인구의 건강보건 상태가 개선되는 양상은 그들의 기존 건강 상태" 그리고 그들의 경제발전 수준과 "연관되어 있다."

마태 효과는 의료보건전달 체계에서도 발견된다. 링크(Bruce Link)와 밀카렉(Barry Milcarek)은 뉴욕 시 병원들의 입원환자에 관한 연구에서 정신의료 재원이 그것을 가장 필요로 하는 환자들보다 의료제공자들이 가장 매력적으로 여기는 환자들에게 유리하게 분배되고 있다는 사실을 발견했다. 의료기관들은 보다 젊고 의욕적이고 소통이 원활하며 유능한 환자들에게 주로 치료를 제공했다. 간단히 말해, 사회적 또는 개인적으로 우위에 있는 이들에게 치료를 집중했다는 얘기다. 한편 스펙트럼의 다른 한쪽 끝에서 범죄학자 웨슬리 스코건은 "불안정한 정신 상태와 약물 및 알코올 문제를 갖고 있는 집 없는 부랑자들"은 대개 의료치료나 갱생 기회를 제공받지 못하고 "체제가 허용하는 유일한 방법을 통해 다뤄질 뿐이다. 바로 체포되는 것이다"라고 말했다. 이 같은 예시들은 부유한 이들의 건강은 유지되지만, 가난한 이들의 건강은 악화되는 의료보건 제도의 체제적 편향을 암시한다.

## 공공정책의 마태 효과: 조세법

우리의 정치경제 체제에 마태 효과가 너무나도 깊이 스며들어 있기에, 민주 사회는 이런 빈익빈 부익부 현상이 극단으로 치닫지 않도록 제어할 방도를 세워야 한다. 머튼은 기득권층과 최약자층 간의 거대한 격차로 인해 "각각의 계층에 (능력의 차이와는 상관없는) 차별화된 우위"가 발생한다는 사실을 깨닫고 정치적 대안이 필요하다고 주장했다. 극단적으로 불평등한 조건은 그만큼 극단적인 기회의 불평등을 초래하며, 어떤 이들이 자동적으로 전(前) 세대의 우위를 물려받는다면 다른 이들은 열위를 물려받게 된다(예: 영양상태, 교육, 유력한 인맥에 대한 접근권 등). 이처럼 기회구조에 대한 접근권이 불평등할 경우에는 "균등한 기회를 확장하고 민주적 가치를 실천하기 위해 …… 정치적 권위에 의해 규제를 늘릴" 필요가 있다.

지난 100년, 미국과 유럽에서는 양극화를 해소하고 마태 효과를 완화하기 위해 수많은 공공정책을 수립했다. 의료보건과 공공교육, 사회보장 등의 정책들은 비록 실질적인 수혜자는 주로 중산층이었지만 기본은 가장 취약한 빈곤층을 보호하자는 것이었다. 누진소득세와 재산세 등 진보주의 시대에 제정된 조세와 노동 정책은 도금시대에 심화된 빈부격차를 바로잡으려는 진일보를 의미했다. 뉴딜정책은 사회보장제도와 공공사업진흥국(Works Progress Administration), 민간자원보존단(Civilian Conservation Corps)을 활용해 대공황 시기에 빈곤층이 더욱 빈곤해지는 것을 방지했고, 제2차 세계대전이 종전된 후 제대군인 원호법과 보훈처의 주택융자 프로그램은 사회에서 낙오될 수밖에 없었던 제대군인들에게 새로운 시작을 꿈꿀 수 있는 기회를 안겨주었다. 1960년대의 메디케어(Medicare)와 메디케이드(Medicaid), 차별철폐 조치, 아동부양가정 보조프로그램(AFDC)과 같은 '위대한 사회'의 정책들은 노인과 빈곤층, 그리고 역사적으로 취약한 위치에 있던 소수자 등 더욱 폭넓은 국민들에게 사회안전망과 경제적 기회를 제공했다. 이러한 정책들을 일일이 자세히 다루는 것은 이 책의 목적에 위배될 것이나 그중 눈에 띄는 한 분야, 즉 과세 정책에 초점을 맞추는 것은 상당히 유용할 뿐만 아니라 마태 효과를 이해하는 데도 큰 도움이 될 것이다.

**누진세와 역진세**

과세정책에 관한 토론은 수없이 많은 철학적 의문을 낳았다. 법철학자 머피(Liam Murphy)와 나이절(Thomas Nagel)은 이 같은 질문들을 어느 정도 깊게 탐구한 바 있다. 공정한 세금이란 무엇인가? 경제정의란 무엇이며 그것을 성취하는 데서 과세의 역할은 무엇인가? 세금은 재분배적 성격을 갖춰야 하는가? 우위 집단과 그렇지 않은 집단에게 어떠한 비율로 세금이라는 짐을 부가해야 하는가? 상속은 어떻게 다뤄야 하는가? 과세는 어떻게 정치와 공익이라는 보다 큰 문제와 연관되어 있는가? 이런 질문에 어떻게 대답하느냐에 따라 우리가 개인적, 사회적으로 어디에 속해 있는지를 알 수 있다.

이런 질문들의 핵심은 바로 재분배다. 생각해보면 모든 과세제도는 일부가 가진 자산을 다른 이들에게 재분배하는 것이다. 가령 누진세는 소득이나 부를 많이 보유하고 있을수록 높은 세율을 부여한다. 즉 그만한 세금을 감당할 수 있는 사람들에게 높게 과세함으로써 특권층의 자산을 보다 덜 가진 사람들에게 내려 보내는 것이다.

역진세는 누진세와 반대 방향으로 자원을 재분배한다. 즉, 소득이나 부를 덜 소유한 사람들에게 높은 세율을 매기는 것이다. 요컨대 역진세는 그것을 지불할 능력이 가장 떨어지는 사람에게 가장 무거운 짐을 지우며, 그들의 자산을 상위층에게 올려 보낸다. 미국의 연방소득세는 적어도 원칙적으로는 누진세다. 비록 유능한 세금전문 변호사나 회계사가 고소득층이 납부해야 할 세금 중 일부 또는 아주 드문 경우 전액을 내지 않고 빠져나갈 구멍을 만들고 있긴 하지만 말이다. 반대로 판매세는 역진세다. 부자와 가난한 자가 같은 소비재를 구매하면서 똑같은 세율로 세금을 납부하기 때문이다. 가난한 사람들은 단순히 생활을 유지하기 위해 부와 수익의 상당 부분을 지출해야 하지만, 부자들은 자산의 대부분을 저축하거나 재투자할 수 있다. 따라서 판매세는 가난한 이들의 자원에서 커다란 비중을 차지한다. 똑같은 1달러라도 가난한 사람들에게 그것은 부자들에 비해 훨씬 중요한 의미와 가치를 지닌다는 사실을 생각해보라. 가난한 이들에게 1달러는 배부름과 굶주림을 가르는 중요한 자산이지만 부자들에게 1달러는 그저 푼돈일 뿐이다.

미국의 연방소득세는 원칙적으로 누진세이기 때문에 고소득층이 부당하게 세금의 지나치게 많은 부분을 책임지고 있다는 주장이 자주 제기된다. 연방정부의 소득세입에 있어 고소득층의 세금이 훨씬 큰 비율을 차지하고 있는 것은 사실이다. 2000년의 경우 순소득이 31만 3000달러 이상인 납세자 상위 1퍼센트는 국가 전체 소득의 21퍼센트를 차지하고 있으면서 개인소득세 전체의 37퍼센트 이상을 납세하고 있었다. 만일 우리가 내는 세금이 연방소득세뿐이라면 우리의 과세제도는 누진세라고 말해도 좋을 것이다. 그러나 연방소득세뿐만 아니라 중앙 정부의 역진세인 사회보장세와 판매세와 특별소비세, 그리고 재산세 등의 주 및 지방의 역진세를 고려하면 우리는 미국의 과세책임이 여러 소득집단들에게 거의 공평하게 분산되어 있다고 말할 수 있다. 미국 노동통계청은 2001년 미국의 상위 20퍼센트가 모든 종류의 세금에 대해 소득의 19퍼센트를 납세했다면 하위 20퍼센트는 18퍼센트를 납세했다고 보고한 바 있다.

복권 수익을 비롯한 주 정부의 또 다른 세원들(稅源) 역시 매우 역진적인데, 많은 사람들이 이를 인지하지 못하고 있다. 특히 유명한 농담처럼 복권은 수학능력이 형편없는 사람들이 내는 세금이다. 텍사스 복권위원회의 최근 연구에 따르면 소득이나 교육 수준이 높은 사람들이 복권을 더 살 것 같지만 그 수준이 낮은 사람들이 한밑천을 잡으려고 복권에 더 많은 돈을 소비한다고 한다. 결과적으로 복권은 자발적이긴 하지만 가장 가난하고 교육받지 못한 시민들을 더욱 빈곤하게 만들어 주 정부의 세입을 늘리는 역진세나 다름없다.

연방소득세는 누진세지만, 미국의 세제 중 상당수는 중산층과 고소득층에 유리하다. 주택소유자들 가운데 보조금의 혜택을 받는 것은 주로 중산층과 고소득층이며, 세금으로 충당되는 대학의 공적보조금 역시 주로 중산층과 고소득층 자녀에게 돌아간다. 바틀렛(Donald Bartlett)과 스틸(James Steele), 그리고 존스턴(David Cay

Johnston)은 조세법을 강화하는 조치도 일차적으로는 상위 소득집단에 유리하다고 주장한다. 그들은 세금 전문 변호사나 회계사들의 도움을 받아 자신들의 자산을 효과적으로 보호하거나 은닉할 수 있으며, 미심쩍은 감세 조건을 꾸며내고, 합법적이든 비합법적이든 복잡한 세금 제도 사이에 숨어 있는 텅 빈 회색 지대에서 복잡한 재정계획을 세울 수 있다. 이는 국세청이 조세사기 행위를 적발하거나 기소하기 어렵게 만든다. 최근에는 조세법을 강화하는 데 필요한 재정마저 축소되어 상위 소득 집단에서 세금회피 행위가 '만연하는' 추세다. 한편 부족한 세금을 메우기 위한 방책은 워킹푸어(working poor), 특히 소득세 공제를 요구하는 이들을 조사하는 데 점점 더 집중되고 있다.

존스턴은 시어도어 루스벨트가 '사악한 거부들'의 경제적 귀족정치에 대항하기 위해 만든 연방 조세제도가 실질적으로는 부의 집중을 옹호하거나 때로는 심지어 심화함으로써 마태 효과를 야기한다고 결론지었다.

최고경영자는 회삿돈으로 (세금 전문가를 고용) 1년도 아닌 수년, 또는 수십 년 동안 세금을 납부하지 않고 버틸 수 있는 방법을 알아낸다. 이러한 이연법인세(移延法人稅)를 해마다 다른 곳에 투자한다면 자본은 곧 눈덩이처럼 굴러가기 시작하고, 부는 복리의 마법에 힘입어 점점 더 빠른 속도로 불어나 세금이 붙지 않는 거대한 자산을 형성하게 된다. 코카콜라의 경영자 로버트 고이주에타(Robert Goizueta)의 경우처럼 말이다. 세금 전문 변호사들은 집행연기가 세금계획의 90퍼센트를 차지한다고 말한다. 세금 납부를 30년 간 연기하면 30년 후 그 액수의 가치는 의미가 없을 만큼 미미해진다. 인플레이션과 미납된 세금이 그 청구액을 덮어버릴 것이다.

한편 존스턴은 스펙트럼의 반대쪽 극단으로 눈을 돌려, 근로소득 공제 혜택을 남용하고 있다는 혐의로 기소된 워킹푸어들을 살펴보았다. 그는 2002년 미국 국세청이 감사한 74만 4000건의 세금환급자 중 절반 이상이 워킹푸어들이며, 실제로 그들이 전체 납세자들 중에서 차지하는 비율은 17퍼센트도 채 되지 않음을 지적했다. 그는 레이어스 씨의 예를 든다. 그녀는 로스앤젤레스에서 일하는 청소부로 국세청은 그녀를 세금사기 혐의로 추궁하며 과거 몇 년간 지급된 보조금을 모두 상환하라고 요구했다. 레이어스는 "공황에 빠졌다. 왜냐하면 그녀는 자신이 결코 그 돈을 갚지 못하리라는 것을 알고 있었기 때문이다. 이자는 불어나고 또 불어나, 배운 것은 없더라도 언젠가는 성공할 것이라고 믿던 그녀의 희망을 산산조각 낼 것이다." 이처럼 복리는 기업 경영진에게는 끝없는 부의 상승을 약속하는 반면 건물 청소부로 일하는 가엾은 여인에게는 끝없는 빚더미를 선사한다.

**소득세제 개혁**

현행 연방소득세법을 비판하는 이들이 여러 가지 세제 개혁안을 내놓고 있다. 보수주의자들은 일반적으로 누진세를 약화하는 방향의 개혁을 선호한다. 부시 행정부 시절 연방소득세 감세가 부유층에게는 커다란 혜택을 주지만 그로 인한 과세부담을 중산층에게 지운다는 이유로 무수한 지탄을 받은 바 있다. 반대로 자유주의자들은 부유층에게 더욱 무거운 조세부담을 지우는 누진세 개혁을 선호하는데, 보수주의자들은 이에 대해 "부자들의 재산을 짜낸다"라며 비난한다.

세제개혁 분야에서 가장 큰 논란을 부르고 있는 것은 홀(Robert Hall)과 라부시카(Alvin Rabushka)가 제안한 비례세 안(案)으로, 공화당에서 대통령 후보를 노렸던 스티브 포브스(Steve Forbes)와 잭 켐프(Jack Kemp)도 주장한 바 있다. 홀과 라부시카는 복잡한 연방소득세 제도 대신 매우 단순한 체제를 선호했다. 즉 급여에 일률적으로 소득세를 부과하고 저축(이자와 배당금, 자본이득 등), 증여와 상속으로 인한 수익에 대해서는 세금을 면제하자고 제안한 것이다. 그들은 비슷한 형태의 다른 계획들처럼 빈곤층에게 과도한 고충을 떠안기는 것을 피하기 위해 특정 기준(예: 2만 달러) 이상의 소득인구에게만 일정한 세율을 부과하자고 주장했다. 이런 식으로 따지면 2만 달러 이하의 소득자들은 세금을 납부하지 않기 때문에 비례세는 진정한 일률과세가 아니다. 소득이 2만 달러 이상인 사람들은 그렇지 않은 이들보다 더 높은 세율로 납세하기 때문에 좁은 의미에서 본다면 누진세라고도 할 수 있을 것이다. 그러나 보다 자세히 들여다본다면 대부분의 비례세가 실질적으로는 역진세라는 사실을 알 수 있다. 임금소득에는 세금을 부가하되 투자와 상속, 그리고 부유층의 전유물인 다른 소득원에 대해서는 세금을 매기지 않기 때문이다. 간단히 말해 비례세는 노동에 세금을 부가한다. 비례세를 도입할 경우 노동계급은 현재의 연방소득세제와 같은 누진세제일 때보다 더 많은 세금을 납부하게 된다. 반면, 부유층의 납세액은 오히려 줄게 된다.

매캐퍼리(Edward McCaffery)는 비례세에 대한 대안으로 공정과세를 제안했다. 비례세와 공정과세의 차이는 전자가 기본적으로 단순소득세라면 후자는 주로 소비에 대한 판매세라는 것이다. 매캐퍼리의 공정과세는 비례세와 마찬가지로 소득에 대해 세금을 매기지만 저축(투자, 배당금, 자본이득)과 증여, 상속으로 인한 수익은 아예 과세에서 제외할 것을 제안한다. 따라서 공정과세는 간단히 말해 소득 중 저축분을 제외하고 오직 소비분에만 매기는 소비세이다. 그러나 공정과세는 일률과세와는 달리 중앙판매세 또는 부가가치세를 이용하여 덜 쓰는 사람보다 더 쓰는 사람들에게 높은 세금을 부과하는 누진세이기도 하다. 예를 들어 2만 달러 소비층은 완전면세 혜택을 받지만 다음 납세집단인 6만 달러 소비층에게는 10퍼센트의 세율을, 그리고 그다음 단계인 8만 달러 소비층에게는 20퍼센트의 세율을 매기는 식이다. 마지막으로 1년에 10만 달러 이상을 소비하는 사람들은 최대 50퍼센트의 세율을 부담해야 할 것이다. 매캐퍼리는 공정과세가 비례세와 마찬가지로 세금납부를 단순화하고 저축을 장려하는 동시에 가난한 이들보다 부자들에게 더 무거운 부담을 지우게 될 것이라 주장한다. 대부분의 미국인들이 도덕적인 이유로 부자들이 세금을 더 많이 내야 한다는 주장에 동의한다는 사실을 부인할 수 없다. 매캐퍼리는 이런 단순과세가 현존하는 과세체제의 완전한 해결책이 될 수는 없지만 어느 정도 효과를 거둘 수는 있을 것이며, 따라서 탈세의 사회비용을 줄일 수 있다고 주장한다. 매캐퍼리는 자신의 제안이 역진적인 비례세를 원하는 보수주의 진영과 누진세를 확대하고자 하는 자유주의 진영 사이의 절충안이 될 수 있으리라 믿는다.

그러나 모든 사람들이 공정과세의 공정성을 납득하는 것은 아니다. 어떤 이들은 공정과세가 이미 축적된 거대 자산에 대해서는 방어막을 치는 반면(예: 투자와 상속자산) 중산층과 노동계급에게는 삶에 필수적인 모든 소비지출에 세금을 매기기 때문에 이 계획의 공정성과 진보성에 대해 회의적인 반응을 보이고 있다. 앞에서 우리는 부와 소득이 크면 클수록 수익에서 소비가 차지하는 비중이 작아진다고 지적한 바 있다. 가난한 사람들은 소득의 대부분을 생존에 필요한 음식이나 주택에 소비하지만 부자들은 자원의 보다 많은 부분을 그들을 더욱 부자로 만들어줄 수 있는 투자에 소비할 수 있다. 따라서 비례세나 공정과세는 투자되는 자본에 부과되는 세금을 줄이거나 아예 폐지하기 때문에 거대한 마태 효과를 낳을 수 있다.

**상속세 개혁**

비례세와 공정과세는 유산과 상속재산에 대한 세금을 모두 없애고 싶어하는 사람들의 정치적 핵심 무기다. 진보주의 시대 이후 미국민들 사이에는 상속세를 포함한 누진세야말로 도덕적으로 공정한 과세제도라는 폭넓은 공감대가 형성되었다. 도금시대(1880~1900)는 부와 권력의 집중 현상이 두드러진 시기였다. 어마어마한 부를 쌓은 전설적인 강도귀족들은 그 부를 다시 자신들의 경제적 우위를 드높이고 레버리지하는 데 사용했다. 시어도어 루스벨트와 진보주의자들은 이 같은 부의 집중이 민주주의의 이상을 위협하고 있다 판단하고 반격에 나섰다. 그러나 누진과세라는 발상은 루스벨트 시대에 탄생한 것이 아니다. 미국 초기에 토머스 제퍼슨과 벤저민 프랭클린, 토머스 페인과 그 밖의 다른 사람들도 이와 비슷한 주장을 했고, 1830년대에 이 신생공화국을 방문한 프랑스의 정치가 알렉시스 드 토크빌은 《미국의 민주주의(*Democracy in America*)》에서 "미국의 새로운 실험은 특권 상속을 거부하는 것을 전제로 한다"라고 기록했다. 루스벨트와 진보당은 16차 개정 헌법(1913)과 그 뒤를 이은 누진소득세와 상속세, 증여세, 그리고 부와 권력의 집중을 불신하는 수많은 원칙들을 통해 그것을 실천에 옮겼을 뿐이다.

1980년대에 보수파가 득세하자 누진세는 우파 진영의 극심한 공격에 시달리게 되었다. 참으로 아이러니한 현상이었다. 당시는 빈부격차가 꾸준히 늘어나고 있었을 뿐만 아니라 거의 도금시대에 필적할 정도로 소수에게 부가 집중되고 있었기 때문이다. 1969년에 시행된 최저한세(最低限稅)는 매우 진보적인 제도였는데, 등급에 따른 세율의 점진적인 상승은 중상층 납세자들에게 커다란 영향을 끼쳤다. 반면에 다른 많은 세금정책들은 점차 역진적인 방향으로 진척되었다. 최부유층의 소득 가운데 절반 이상을 차지하는 자본이득의 세율은 1987년 28퍼센트에서 1998년에는 20퍼센트로 떨어졌고, 2003년에는 다시 15퍼센트까지 하락했다. 보수 진영은 자본이득세를 완전히 폐지하기 위해 아직도 노력 중이다.

2001년, 보수주의 진영은 2010년까지 연방상속세를 단계적으로 폐지하는 법안을 통과시키는 데 성공했다. 그레츠(Michael Graetz)와 샤피로(Thomas Shapiro)는 2005년 상속세를 단계적으로 폐지하는 데 대해 국민들의 지지를 얻기 위해서, 우익 전략가들이 내놓는 영리한 전술을 상세하게 설명했다. 먼저 그들은 상속세가 죽음과는 상관이 없지만 상속세를 유산세라고 지칭하기 시작했다. 유산세를 내는 사람은 거대한 부를 상속받는 사람이다. 다시 말해 누군가의 말처럼 "상속세는 콘래드 힐튼이 내는 게 아니다. 패리스 힐튼이 내는 것이다."

실제로 유산세는 미국에서 가장 부유한 상위 2퍼센트에게만 적용되는 세제지만 많은 미국인들이 그것이 보다 적은 상속재산에도 적용되며 따라서 많은 가족사업체와 농장 등을 위험에 빠트리고 있다고 착각한다. 자유주의 진영에서 이런 잘못된 믿음을 바로잡기 위해 애쓰고 있으나 그 노력이 너무 미미할 뿐만 아니라 이미 늦은 감이 있다. 그러나 상기 법안이 통과된 이후 빌 게이츠의 부친인 윌리엄 게이츠가 이끄는 일단의 부유층 시민들은 보스턴에 기반을 둔 시민단체 '책임지는 부자(Responsible Wealth)'와 손잡고 유산세의 복원을 요구하는 운동을 펼치고 있다. 그들의 주장은 민주주의 사회는 부와 권력의 지나친 집중을 예방해야 한다는 토머스 제퍼슨과 앤드루 카네기, 시어도어 루스벨트 등의 믿음과 맥락을 같이 한다. 게이츠와 다른 이들은 미국이 부의 축적을 위해 아무엇도 하지 않은 후손들이 저절로 경제적 우위를 물려받는 경제귀족주의의 세습을 허용하고 또 부추김으로써 기회의 평등이라는 역사적 신념이 훼손될 위험에 처해 있다고 우려하고 있다.

유산세와 자본이득세를 폐지하고 누진적 연방소득세를 축소하는 한편, 공적 목적으로 사용되는 세금을 점점 더 역진세에 의존하려는 경향은 경제적 마태 효과를 억누르기보다 도리어 심화하는 결과를 가져온다. 차별철폐법을 완화하고 못 가진 이들에게 기회를 제공하는 사회정책들을 폐지하는 것 또한 의도적이든 아니든 이미 우위에 있는 사람들의 기회구조만 넓혀줄 뿐이다. 우리는 이러한 정책들과 그로 인한 결과가 과연 우리의 핵심 가치와 일치하는지 자문해야 한다. 그러한 핵심 가치를 우리가 스스로 결정할 수 있는지, 그리고 그로써 더욱 위대한 평등을 이룩할 수 있는지 말이다.

| CHAPTER 05 |

# 교육과 문화 분야의
# 마태 효과

The Matthew Effect

The Matthew Effect

우위는 우위를, 열위는 열위를 심화한다. 이는 비단 경제나 정치 분야에만 해당되는 것이 아니다. 그중에는 인지와 문화의 영역도 있다. 이 장에서는 교육과 발달심리학 영역의 마태 효과에 관해 살펴보자.

## 교육 분야의 마태 효과

머튼은 로버트 로젠탈(Robert Rosenthal)과 다른 학자들의 교실에서 발현된 자기실현적 예언에 관한 유명한 연구를 인용하며 교육 분야에서 나타나는 마태 효과에 대해 이야기한 바 있다. 새 학기 초반에 로젠탈은 초등학교 학생들에게 지능검사를 실시했다. 그런 다음 그중 20퍼센트의 학생들을 무작위로 선택하여 담임 선생님이 그 아이들이 앞으로 비범하게 발전할 가능성을 지닌 '수재들'이라고 평가했다는 잘못된 정보를 전해주었다. 1년 뒤 로젠탈은 같은 학급을 방문해 다시 시험을 치르게 했다. 그는 1년 전에 뛰어난 학생이라는 말을 들었던 아이들이 그렇지 않은 아이들보다 훨씬 뚜렷하게 발전했음을 깨달았다. 이 같은 결과에 대해 로젠탈은 학생들에 대한 기대가 클수록 평균 이상의 발전과 향상을 보인다고 해석했다. 반대로 기대치가 낮을수록 학생들은 실제로도 낮은 수준의 성취도를 보인다. 애초에 두 집단 사이에 아무런 차이가 없었다 할지라도 똑똑하다는 꼬리표가 붙은 집단은 통제 집단에 비해 진짜로 더욱 똑똑해지는 것이다.

이후 마태 효과가 아동들의 인지 발달에 미치는 영향에 대해 수많은 후속 연구가 이루어졌다. 그중에서도 특히 활발한 것은 아동들의 읽기 능력에 관한 연구였는데, 여기서 마태 효과는 "좋은 독서가는 새로운 기술을 매우 빠르게 습득하며, '읽는 법 배우기(learning to read)' 단계에서 신속하게 '읽고 배우기(reading to learn)'로 넘어갈 수 있지만, 나쁜 독서가는 읽는다는 행위에 좌절감을 느끼고 가능한 한 그러한 상황을 피하기 위해 노력한다. 아동의 나이가 적을 때는 차이가 비교적 미미하지만 나이가 들수록 격차는 증가한다"라는 가정을 뒷받침한다. 요컨대 언어 능력 면에서(또는 전반적인 삶의 기회에서) "어휘력이 풍부한 아이들은 그 능력이 더욱 향상되었고 그렇지 않은 아이들은 오히려 어휘력이 빈약해졌다."

발달심리학자들은 읽기 능력 개발에 있어 환경적 우위 또는 열위가 선천적인 능력과 상호작용을 한다는 데 동의한다. 뛰어난 소질을 갖고 태어나 언어적으로 풍부한 환경에서 자란 아이들은 우위를 이중으로 보유하고 있는 셈이다. 더구나 초반의 성공은 선순환을 그리는 경향이 있다. 즉 어린 독자는 빠른 속도로 많이 읽음으로써 더욱 풍부한 이해력을 소유하게 되고 이러한 우위는 또래들보다 더한 우위를 차지하게 해준다. 반면 어휘력이 부족할 뿐만 아니라 경제적으로나 사회적으로나 열위에 있는 학생들은 '이중고'를 겪게 된다. 이러한 차이는 후에 읽기 능력을 중요시하는 정보사회에 진출할 때 커다란 영향을 미치게 될 것이다. 읽는 속도가 더디고 글에서 재미를 느끼지 못하는 아이들은 독서량이 적다. 읽기 능력이 떨어지는 아동들은 대부분 읽기 능력이 뛰어난 아이들보다 학교를 중퇴할 확률이 높고 적절한 보상을 주는 직장을 구하기도 힘들다. 따라서 읽기 능력의 부족은 대개 경제적, 개인적 약점으로 해석되는 경우가 많다. 어린 학생들이 그들의 교육적 미래뿐만 아니라 사회적, 경제적 미래에 영향을 미칠 수 있는 경험을

하게 되더라도 말이다. 읽기 능력이 좋은 아이들은 자신처럼 탐욕스러운 독서가를 친구로 고르지만 그렇지 않은 아이들은 놀이 친구를 좋아한다는 사회적 측면 또한 관련이 있을 것이다. 이처럼 읽기 교육에서 발견되는 인지적, 사회적 역학은 수학 영역에서도 똑같이 적용된다. 초기에 수에 대한 능력이 뛰어난 아이들은 점차 계산에 능숙해지지만 처음부터 어려움을 느낀 아이들은 시간이 지날수록 점점 뒤처지는 것이다.

아동들의 읽기 능력의 차이가 마태 효과에 따라 시간이 지날수록 기하급수적으로 커지는지에 관한 연구는 비교적 적은 편이다. 셰이위츠(Bennett Shaywitz)와 그의 동료들은 시간이 지남에 따라 지능의 격차가 소소하게 벌어진다는 사실을 발견했지만 본질적인 읽기 능력은 그러한 차이를 보이지 않았다. 바스트(Janwillen Bast)와 라이츠마(Pieter Reitsma)는 시간이 지남에 따라 단어를 인식하는 능력의 차는 커졌음을 확인했지만 독해 능력에서는 그러한 변화를 발견하지 못했다. 읽기 능력에서 발견되는 마태 효과는 매우 강력한 수준부터 평범하거나 극미한 수준에 이르기까지 연구의 변수와 방법론에 따라 그 강도가 매우 다양하다. 그러나 대체로 학자들은 좋은 독서가와 나쁜 독서가의 초반의 차이가 성인이 될 때까지 지속되는 경향이 있으며, 나쁜 독서가가 좋은 독서가를 따라잡는 경우는 드물다고 말한다. 하울리(Craig Howley)[1]는 "효과는 매우 복잡하게 나타난다. 취학 시기에 근소한 정도에 불과했던 읽기 능력과 관련 지식 및 기술의 격차는 전반적인 학업 성취 수준에서는 대단히 큰 격차로 나타나는 경향이 있다"라는 견해를 옹호한다. 이렇게 '혼란스러운' 과정을 거쳐 초기 단계의 근소한 차이는 최종 단계에 커다란 차이로 발전한다. 마태 효과는 읽기 능력뿐만 아니라 언어와 관련된 지식과 수학 능력을 포함한 전반적 능력에서도 찾아볼 수 있다. 즉 교육 분야의 마태 효과는 다양한 인지발달 차원에서 작용할 수 있는 것이다.

또한 마태 효과는 컴퓨터 사용 능력을 습득하는 과정에서도 발생한다. 모로(Magdalene Moureau)는 컴퓨터 전문가들이 기술을 갈고 닦을수록 더 많은 것을 익히게 되고 따라서 더욱 뛰어난 전문가가 된다는 사실을 발견했다. 이와 비슷하게 슬리고(Sligo)는 고등교육을 받은 사람일수록 컴퓨터 정보자원에 익숙하며 따라서 교육수준이 낮은 사람들보다 더욱 효과적으로 이를 이용함으로써 결과적으로 조직 내에서 후자에 비해 상대적인 우위를 점할 수 있다고 밝혔다.

커코프(Alan Kerckhoff)와 글레니(Elizabeth Glennie)는 미국의 교육제도에서 나타나는 마태 효과를 연구했다. 학업성취도가 높은 학생들과 낮은 학생들을 각각 별도의 커리큘럼으로 가르치고 그 결과를 추적하는 것이었다. 유럽의 교육체제에서는 보통 학업성취도에 따라 학생들을 각기 다른 학교에 보내는데, 미국에서는 같은 학교 내에서 학업 또는 직업적으로 다른 수업을 준비함으로써 그와 비슷한 효과를 노린다. 커코프와 글레니는 10학년 학생들을 10년 동안 추적한 결과, 학업성취도 부문에서 학창시절 열등반에 있던 학생들은 하향세를, 우등반 학생들은 상승세를 유지함으로써 격차가 점점 커지는 양상을 보였다고 보고했다.

코졸(Jonathan Kozol)은 자신의 유명한 저서 《야만적 불평등(*Savage Inequalities*)》(1991)에서 교수법을 보다 큰 사회적 맥락으로 분석하여 학생 개개인의 우위와 열위가 그들이 처한 경제적 환경과 관련이 있다고 주장했다. 코졸은 빈곤한 도심지역 학교와 부유한 교외지역 학교들을 대조했다. 비록 미국 공립학교 제도에서 나타나는 빈곤의 악순환과 부의 상승곡선을 마태 효과라는 용어를 이용해 설명하지는 않았지만, 그는 이런 현상들을 적나라하게 보여주는 다양한 사례들을 제시했다.

코졸은 도심에 있는 학교일수록 빈곤과 높은 실업률, 주변 지역의 높은 범죄율, 산업체와 중산층의 도심 탈출, 가정불화 등 매우 복잡한 상호강화 관계에 있는 문제들을 겪는 경우가 많다고 말했다. 이러한 문제들은 결국 학교의 예산 부족으로 이어진다. 미국의 공공교육은 일차적으로 지방재산세에 의존하고 있다. 빈곤 지역은 평가자산의 가치가 매우 낮기 때문에 지방 정부는 세율을 인상해야 하지만 막상 거주민들은 그런 세금을 낼 만한 능력이 없다. 그 결과 가난한 학교가 학생 한 명에게 지출할 비용은 교외의 부유한 학교와 비교조차 무색할 만큼 감소할 수밖에 없다. 코졸은 여기서도 마태 효과가 작용한다는 사실을 발견했다.

간단히 말해 순환 현상이 발생한다. 부지나 주택 등의 가치 평가가 보다 높은 부유층 지역은 토지와 주택에 과세를 부가해 세입을 증가시킴으로써 그 지역 공립학교에 필요한 예산을 충당할 수 있다. 자녀들의 학교에 대한 긍정적인 평가는 인근 거주 지역에 가치를 부가한다. 이제 공립학교는 더 큰 세입기반을 확보할 수 있다.

학교 간의 격차를 줄이기 위해 주 정부가 지방세입을 보충하고 관련 노력에 힘쓴다 해도 완전한 평등을 이루는 것은 불가능하다. 교외에 위치한 학교들은 학생 일인당 더 많은 비용을 투자하고 좋은 시설을 갖춰 실력 있는 교사들과 준비된 학생들을 끌어들일 수 있기 때문이다. 일단 적절한 환경을 갖춘 학생들은 학업에서 높은 성취를 이룰 수 있지만 가난한 지역의 학생들은 크게 뒤처질 수밖에 없다. 더구나 배움이란 기존 지식을 기반으로 지속적으로 발전하는 것이기에 초기에 뒤처진 학생들은 이후로도 다름없이 열세를 유지하게 된다. 그 결과 코졸의 말에 따르면 가장 유리한 조건을 보유한 학생들이 살아남게 되고, 존 쿤스(John Coons)의 말을 빌리자면 "인위적으로 우위를 확보한 자손들에 의해 '우수한 이들'의 대물림이 일어난다."

공립학교의 불평등을 해소하기 위한 노력은 예산이 편중됨으로써 혜택을 누리는 이들의 저항에 부딪히게 되어 있다. 비판가들은 평등화 정책이 로빈 후드식 방침이라며 비난한다(한때 영웅으로 칭송받던 로빈 후드가 악당으로 그려지고 있다는 사실이야말로 현재의 시대상을 가장 명백하게 보여주는 증거일지도 모른다). 그들은 부유한 지역의 자원을 가난한 지역에 평등하게 분배하면 교육의 질이 하락할지도 모른다고 우려한다. 만인을 위한 평등은 비범함을 죽이고 평범함을 조장한다고 생각하는 것이다. 지금 가장 간절히 필요한 것은 무엇보다 교육 예산 중에 도심지 학교의 몫을 늘려서 그들을 교외지역 수준으로 끌어올리는 것이지만 이는 오직 세금을 인상하고 다른 분야의 예산을 삭감할 때만 가능하며, 이 두 가지 방안은 결코 인기 있는 해결책이 아니다.

코졸이 딱히 언급하지는 않았지만 공립학교와 사립학교 사이에서도 이와 비슷한 문제가 발생하고 있다. 자녀교육에 관심이 많은 부모들은 최근 여러 가지 이유로 아이들을 사립학교로 진학시키는데, 이 때문에 공립학교는 가장 중요한 자산 하나를 잃는 셈이다. 이로 인해 사립학교는 대체로 득을 보지만 공립학교는 손해를 본다. 공립학교의 쇠퇴가 이른바 총명한 학생들의 탈출을 부추김으로써 악순환이 반복되기 때문이다. 그 결과 사립학교와 공립학교 사이의 간극은 점점 더 크고 넓어지게 된다. 어떤 이들은 바우처 시스템(저소득층 학생들에게 소속 학군 내 학교뿐 아니라 교육여건이 좋은 다른 학군의 학교를 자유롭게 선택할 수 있도록 한 제도)을 활용해 공개적으로 자산을 확보하자고 제안한다. 학생들은 바우처를 써서 사립학교나 공립학교를 선택할 수 있는데, 바우처 지지자들은 이 제도가 가난한 공립학교에 갇힌 학생들에게 더 나은 교육 기회를 제공하고, 학교가 학생들을 유지하고 싶다면 강제로라도 시설을 개선하도록 압박할 것이라고 말한다. 한편 반대자들은 바우처 제도가 똑똑한 학생들을 사립학교로 집중하고 공립학교에는 가난한 학생들만 남아 오히려 교육적 불평등이 더욱 심화될지도 모른다고 말한다.

마태 효과에 의해 증폭된 사회적 불평등은 초등, 중등교육뿐만 아니라 고등교육에서도 쉽게 발견된다. 셀링고와 브레이나드는 《고등교육연보(The Chronicle of Higher Education)》(2006)에서 "거의 모든 통계치가 교육 분야에서(학생들뿐만 아니라 교육기관까지도) 가진 자와 가지지 못한 자들이 점차 뚜렷하게 분리되고 있음을 보여준다. …… 미국 역사상 지금처럼 출신 대학이 사회계급층을 결정했던 시절은 없었다." 그들은 부유한 대학이 그렇지 않은 대학들에 비해 훨씬 많은 자금을 조달할 수 있으며, 나아가 더 많은 기부금을 재투자할 수 있기 때문에 더 많은 투자수익금을 확보할 수 있다고 말한다. 이런 유명 교육기관들은 고소득층 자녀들을 끌어들이는 대신 그들에게 평생 우위를 확보할 수 있는 사회적 네트워크에 접근할 특권을 부여한다.

최근 사회적 우위를 분배하는 데서 고등교육이 하는 역할에 관한 책들이 쏟아져 나오고 있는데, 그중에서 가장 걸출한 저서는 아마도 《미국 고등교육의 평등과 우수성(Equity and Excellence in American Higher Education)》(2005)일 것이다. 프린스턴 대학교의 학장을 지낸 윌리엄 보엔과 그의 동료들은 미국 대학(단순히 교육기관뿐만 아니라 그 학생들)의 평등성과 사회적 다양성에 관해 풍부한 자료를 수집했다. 저자들은 미국 고등교육의 교수법과 연구 수준에 있어 특히 일류대학들에 높은 점수를 주었지만 재능은 있지만 경제적으로 불리한 학생들의 접근권에 대해서는 흡족하지 못하다는 판단을 내렸다. 저자들은 마태 효과가 어떻게 교육적 불평등을 재생산하는지 인식하고 머튼과 뮈르달의 누적 우위에 관한 연구를 인용했다. "생의 첫 18년 동안 누적된 (주로 사소한) 우위와 열위는 대학을 지원하는 학생들 간에 커다란 준비된 차이를 가져온다." 이러한 우위와 열위는 모두 "누적되고 강화된다." 저자들은 "대학입학처의 후보 명단에 확실히 이름을 올릴 확률은 고소득층 자녀가 저소득층 자녀보다 여섯 배나 높고 대학졸업자 부모를 둔 자녀가 대학에 진학하는 첫 번째 세대가 되는 자녀보다 일곱 배나 높다"라고 지적했다(밑줄 강조는 원저자). 이처럼 처음부터 우위에 있는 학생들과 그렇지 못한 학생들의 영구적인 순환 고리를 끊기 위해, 보엔과 그의 동료들은 학생처가 부유한 기부자의 자녀들이나 등록금 대출을 받을 필요가 없는 학생들을 선호했던 것처럼 이제껏 특권층 자녀들에게 유리하게 작용해온 숨겨진 차별행위에 반해 가지지 못한 사람들에게 혜택을 주는 '계급차별 철폐조치'를 제안한다.

고등교육에서 마태 효과는 기관들 사이에서도 발생한다. 미국의 대학들은 개개인과 마찬가지로 계층화되어 있으며, 동료평가와 재학률, 졸업률, 교사 일인당 학생비율, 표준화검사 성적, 합격률, 동문기부율에 이르기까지 다양한 차원에서 서열화하려는 시도가 끊임없이 계속되어 왔다. 명성을 얻기 위한 경쟁 또한 매우 치열한데, 널리 알려지고 평가가 좋을수록 기부금 같은 자원을 더욱 많이 끌어들일 수 있기 때문이다. 트로(Martin Trow)가 말했듯이 "일류대학이라는 우위가 너무나도 크기 때문에 그들은 스스로를 위해(고등교육 제도나 사회 전반을 위해서가 아니라) 우위가 우위를 불러오는 일종의 '선순환'을 창조한다."

가장 성공적인 대학들의 경우, 부와 명성이 꼬리를 무는 순환적 고리는 더욱 막대한 기부금의 축적으로 이어진다. 대학의 기부금 규모는 가장 유능한 교수들과 학생들을 유인하고 그들에게 더 좋은 시설과 자원을 제공할 수 있는지에 대한 강력한 판단 기준이 된다. 그 결과 대학은 더 많은 자원을 긁어모아 마태 효과의 초석을 놓을 수 있다. 미국 대학들 간의 재정적 격차가 점차 증가하고 있다는 사실은 별로 놀라운 일이 아니다. 손턴(Saranna Thornton)은 "부유한 대학과 그렇지 않은 대학 사이의 기부금, 학장과 평교수들의 연봉, 스포츠팀 감독들과 다른 직원들의 연봉, 충분히 보상받는 교수들과 그렇지 못한 교수들의 격차가 점점 커지고 있다"라고 말했다. 그녀는 부유한 대학들이 고수익 자산에 투자하는 위험부담을 무릅쓸 수 있게 되면서 부유한 대학과 그렇지 않은 대학 간의 빈부격차가 더욱 심화되었다고 지적한다. 투자로 가장 높은 수익을 올린 경우는 2006~2007년에 1년 평균 15.7퍼센트의 수익금을 회수한 것인데, 이는 수익률이 가장 낮은 투자의 두 배에 달한다.

## 문화자본의 집적

교육은 넓은 의미로 우리가 사회적 공동체의 구성원으로서 배우는 기본적인 지식과 기술, 신념, 그리고 가치관을 포괄한다. 간단히 말해 바로 '문화'인 것이다. 작고한 프랑스의 사회학자 피에르 부르디외(Pierre Bourdieu)는 지식과 기술, 그리고 미학적 취향이 결합해 일종의 문화자본을 구성하는데, 사회적 행위자는 그것을 경제 자본과 마찬가지로 자신의 사회적 지위를 유지하거나 상승시키는 데 사용할 수 있다고 말했다. 문화자본은 경제자본과 마찬가지로 세대를 거쳐 전달되고 재생산되며, 시간이 지남에 따라 축적된다.

문화 분야에도 경제 분야에서와 비슷한 마태 효과(예: 복리로 인해 원금이 축적되는 것)가 존재한다. 심지어는 종교 분야에도 마태 효과가 존재한다는 증거가 있다. 브로턴(Walter Broughton)과 밀스(Edgar Mills)는 개신교에서 신도들과 교회 사이의 규모, 지출 비용 등으로 측정되는 자산의 불균형이 목사가 나이 듦에 따라 더욱 심화된다는 사실을 발견했다. 마태 효과는 세대에 따른 문화자본의 축적에서 확연히 나타난다. 일류 학교와 풍요로운 자산에 자유롭게 접근할 수 있는 풍부한 문화적 우위를 물려받은 이들은 초반의 우위를 더 우월한 우위로 변환할 수 있는 반면, 그러한 접근권이 없는 사람들은 불리한 입장에서 치열한 경쟁을 벌여야 한다.

문화자본의 집적은 분명 부정적인 기능이 있지만 반대로 긍정적인 기능을 발휘하기도 한다. 이는 2장에서 언급한 것처럼 머튼과 다른 이들이 과학 분야의 마태 효과에 관한 연구조사에서 발견한 사실이다. 머튼은 마태 효과가 일류 과학자들의 업적을 공론화하고 과학계의 판단 기준을 상향시킴으로써 과학 커뮤니티 전체를 이롭게 할 수 있다고 말했다. 머튼의 뒤를 이은 머레이(Charles Murray)는 마태 효과가 과학 분야뿐만 아니라 우리 문화 전반을 풍요롭게 한다고 주장했다. 그는 위대한 예술가와 과학자, 철학자를 결정하는 요인들에 대해 연구했는데, 다른 모든 요소들 중에서도 특히 마태 효과가 역사적으로 중요한 인물의 업적을 규명하고 대중화하며 그들의 업적을 미래 세대를 위해 보존하게 한다고 믿었다. 머레이는 마태 효과가 대부분 부정적인 결과를 가져오지만 넓은 의미에서는 긍정적인 결과를 낳기도 한다는 사실을 다시 한 번 상기시킨다.

부르디외는 문화자본과 비슷한 또 다른 형태의 비경제자본을 제시했다. 그가 '상징자본'이라고 부르는 그것은 사회적 명예나 명성을 의미하며, 우리 시대에는 주로 유명인사라는 형태로 나타난다. 명성은 돈과 지식처럼 스스로 증식하는 경향이 있다. 가령 현대 상업문화에서 에이전시들은 언론을 이용해 시너지 효과를 부추긴다. 음반계약이 텔레비전 출연으로 이어지고, 텔레비전 출연은 잡지 표지 모델로 이어지면서 그들의 고객들은 점차 유명해지게 된다. 일단 이름을 날리게 되면 유명인은 점점 더 유명해지고, 마침내 그들보다 더 눈부신 스타가 나타나기 전까지 인기를 누린다.

마케팅 명사와 그들의 상품에서 나타나는 마태 효과에 대해서는 수많은 실험에 의해 증명된 바 있다. 한 연구에서 연구자들은 음악 사이트에 1만 4000명 이상의 회원들을 등록시킨 다음, 원한다면 무명 밴드의 음악들을 내려받을 수 있다고 말해주었다. 어떤 회원들은 밴드의 이름과 노래의 제목만 볼 수 있었지만 여덟 개 소집단으로 나뉜 다른 참가자들은 같은 집단 내의 다른 회원들이 어떤 노래를 듣고 또 내려받았는지 확인할 수 있었다. 흥미롭게도 "누적 우위 이론이 예상한 것처럼 각 집단에서 인기를 누린 음악들은 모두 달랐다." 각 집단에서 초기 사용자들의 선택이 후기 사용자들의 선택에 지대한 영향을 미치는 것으로 보였다. 그 결과 회원들 사이에서 인기 있는 음악과 인기 없는 음악이 갈리면서 일종의 마태 효과가 형성된 것이다. 그러나 한 경쟁시장의 승자나 패자가 다른 시장의 승자나 패자와 일치하지는 않았다. 이 실험에 관한 와츠(Duncan Watts)의 설명은 우리에게 상당히 골치 아픈 질문을 던진다. 혹시 저스틴 팀버레이크도 누적 우위의 수혜자가 아닐까? 어쩌면 다른 누적 우위 과정이 발생하는 다른 차원의 세계에서 보면 우리가 사는 세계의 유명인사들은 그냥 평범한 인물일지도 모른다.

부르디외는 비경제자본의 세 번째 형태를 '사회자본'이라고 칭했다.[2] 사회자본은 사회적 행위자가 사회권력의 네트워크 안에서 차지하는 위치에서 나온다. 학생들에게 이득을 안겨주는 일류 대학의 네트워크를 생각해보라. 일류 기관에 접근하면 다른 형태의 사회적 접근도 가능해지고, 이는 다시 보다 큰 사회자본과 문화자본의 집적을 가능케 하는 경제와 정치 네트워크에 대한 접근 기회로 이어진다. 1988년부터 2008년까지 여섯 번의 미국 대선에 출마한 양당의 모든 후보들이 단 한 사람을 제외하고 하버드나 예일, 또는 두 대학 모두를 졸업했다는 사실은 참으로 주목할 만하다. 그 중 한 후보는 어느 모로 보나 평범한 학생이었지만 처음에 예일 대학교에, 그리고 이후에는 하버드 경영대학원에 입학했고 후에 석유 사업에 뛰어들 때까지 경제적으로 정치적으로 가족들의 인맥에 의지했다. 결국 그는 미국에서 가장 높은 지위에 올라섰는데, 마태 효과가 없었더라면 불가능한 일이었을 것이다.

다양한 형태의 자본들은 서로 난해하고 복잡하게 얽혀 있을 뿐만 아니라 상호보완적이다. 경제자본과 문화자본, 그리고 사회자본은 이론적으로는 서로 다를지 모르나 실질적으로는 전혀 독립적이지 않다. 돈으로는 명성과 권력, 그리고 인맥을 살 수 있고, 비경제적 자본 또한 경제적인 형태의 이득을 안겨줄 수 있다. 특정 자본의 통화는 다른 자본의 통화로 환전이 가능하다. 그러므로 우리는 마태 효과를 연구함에 있어 교육적 우위가 어떻게 더 우월한 교육적 우위로 이어질 수 있는가에서 그치지 말고 그것이 어떻게 경제적, 정치적, 문화적인 우위로 연결되는지 탐구해야 한다.

| CHAPTER 06 |

# 의의와 결론

The Matthew Effect

The Matthew Effect

이제까지 우리는 다양한 분야에 걸쳐 나타나는 마태 효과에 관해 살펴보았다. 이제는 잠시 뒤로 물러나 철학적인 질문을 던져야 할 때다. 과연 마태 효과는 필연적인 것인가? 그것은 우리가 통제할 수 없는 자연법칙인가 아니면 우리 자신이 야기한 것이므로 바로잡거나 타파할 수 있는 사회구조인가? 마태 효과는 늘 불공평하고 비도덕적인가, 아니면 때로는 사회적 혜택을 가져오기도 하는가? 마태 효과가 해로운 것이라면 우리는 도의적 책임을 지고 거기에 개입해야 하는가? 마태 효과를 통제하려면 어떠한 대항력(자연적인 것이든 인공적인 것이든)이 필요할까? 마지막으로, 마태 효과는 미래 사회의 불평등에 대해 우리에게 무엇을 말해주는가?

## 마태 효과: 자연법칙인가, 사회적 구조인가

마태 효과는 과연 불가피한 자연법칙인가? 우리 집에 미니어처 닥스훈트 두 마리가 산다. 브라우니와 시나몬은 한 배에서 나온 새끼들인데 수컷인 브라우니가 쌍둥이 여동생인 시나몬보다 몸집이 약간 크다. 나는 매일 아침 개들에게 밥을 준다. 두 마리의 밥그릇에 비슷한 양의 사료를 담아주면, 브라우니는 금세 자기 몫을 해치우고는 시나몬의 밥그릇에 집적거린다. 시나몬이 반항이라도 할라치면 브라우니는 으르렁거리면서 시나몬을 위협한다. 이 시점에서 내가 개입하지 않는다면 어떻게 될까? 처음부터 몸집도 크고 힘도 센 브라우니는 점점 더 크고 더 세질 것이다. 브라우니는 태어날 때부터 강하다는 우위를 이용해 시나몬의 밥을 빼앗아 먹고, 그러는 동안 시나몬은 천천히 굶어 죽을 것이다.

슬로먼(Leon Sloman)과 던햄(David Dunham)은 이처럼 동종 간의 생물학적 경쟁에서 볼 수 있는 마태 효과에 관해 연구했다. 그들은 마태 효과가 '격차 증폭'에 의해 발생한다고 주장했는데, 그들의 정의에 따르면 격차 증폭이란 "같은 집단 내에서 서로 경쟁하는 두 구성원 사이의 차이가 경쟁을 거치며 증폭되는 과정"이다. 이러한 과정은 승자의 순환적 성공과 패자의 순환적 실패로 이어져 자연에서 흔히 볼 수 있는 지배와 복종의 계급관계를 강화하게 된다.

사소한 유전적 차이가 경쟁을 통해 증폭됨에 따라 우세한 수컷이 더 높은 지위를 차지하고 더욱 중요한 자원에 접근할 수 있는 특권을 갖게 되는 것이다. 또한 우세한 수컷은 암컷에게 접근해 자손을 볼 수 있기 때문에 후대에 우수한 유전자를 전달할 수 있다.

슬로먼과 던햄은 고대 인류의 채집자와 사냥꾼 사이에 격차 증폭의 역학이 작용했으리라 추측한다. 동류 교배, 또는 "짝짓기 상대로 지능과 외모, 키 등 몇몇 핵심적인 부분에서 자신과 닮은 사람을 선택하는 경향"은 짝짓기 선택으로 이어지고, 우수한 유전자를 가진 사람은 우수한 유전자를 가진 상대를 선택하게 된다. 이런 성적(性的) 선택을 통해 우수한 유전자를 가진 이들은 보다 우월한 자손들을 생산할 수 있다. 다시 말해 우세한 수컷들이 우위를 확보하려 하는 것은 그들 자신뿐만 아니라 미래의 후손들을 위한 일인 것이다. 동류 교배는 인간 사회에서 경제사회적으로 우위에 있는 사람들 사이에서도 쉽게 발견할 수 있다. 고소득층은 고소득층과 결혼하는 경향이 있고 저소득층은 자신처럼 저소득층과 결혼하는 경향이 있다. 이로써 경제적 불균형은 보다 심화된다.

하지만 이러한 마태 효과는 자연 상태에서 찾아볼 수 있는 다양한 긍정적 피드백 고리 중 하나에 불과하다.[1] 인구폭발도 그중 한 예인데, 인구폭발 현상은 시간이 지남에 따라 출생률이 사망률을 앞지르면서 가속도가 붙을 때 발생하는 것이다. 크레스피(Barnard

Crespi)는 진화 및 생태학적 변화에서 나타나는 이런 순환에 대해 조사했는데, 그는 진화생물학자와 진화생태학자들이 긍정적(불안정) 피드백 고리보다 부정적(안정적) 피드백 고리에 더 큰 관심을 기울여왔다고 지적한다. 부정적 피드백 고리가 자연계의 평형상태를 유지하는 데 결정적이라는 사실에는 의심의 여지가 없다. 진화적으로 안정된 전략이나 생태계 안정성, 항상성과 같은 것들을 보라. 그러나 크레스피는 긍정적 피드백 과정 또한 생물학자들이 생각하는 것보다 훨씬 자주 발생하며 나아가 자연계에서 무척 중요한 역할을 하고 있다고 주장한다. 그는 긍정적 피드백의 '자기 강화적 역학'이 생태계 변화에 필요한 조건을 발생시킨다고 주장했다.

자연주의적 관점에서 볼 때, 마태 효과라고 불리는 피드백 고리는 자연법칙으로도 또한 사회적 힘으로도 여길 수 있으며, 그 존재는 수학적으로든 경험적으로든 논쟁으로 해결할 수 있는 것이 아니다. 마태 효과는 객관적 현실이자, 바란다고 해서 사라지는 것도 아닌 '사회적 사실'이다. 대니퍼(Dale Dannefer)와 개넌(Lynn Gannon)은 일반적인 마태 효과와 우위 누적 과정이 "사회법칙으로 간주할 수 있을 만큼 파급적이고, 분명하며, 통제할 수 없는 사회적 경향"이라고 결론지었다. 그것은 중력이나 자연선택처럼 우리가 싫든 좋든, 아니 우리가 알든 모르든 이 세상에 분명 존재하는 것이다. 거대한 강줄기처럼 아무것도 아랑곳하지 않고 도도하게 흘러가는 것이다.

사회과학 분야에서 이러한 자연주의적 관점의 대척점에 서 있는 것이 사회구성주의이다. 구성주의적 입장에서 볼 때 사회적 현실은 불변의 자연법칙에 지배되는 것이 아니다. 우리는 선택을 통해 사회적 세계를 구축할 수 있고, 우리 손으로 창조한 것은 다시 우리 손으로 해체가 가능하다. 한때 자연법칙이자 필연적인 것으로 간주되던 노예제도는 오늘날에는 인류가 만들어낸 잘못된 제도로 취급받고 있을 뿐만 아니라 윤리적이고 실제적인 이유로 완전히 폐지되지 않았던가. 이와 마찬가지로 구성주의자들은 마태 효과가 인류가 만들어낸 사회적 게임의 법칙이 초래한 결과라고 믿는다. 그러한 법칙은 극단적인 불평등을 초래할 수 있고, 다른 모든 게임 규칙과 마찬가지로, 언제든 변경이 가능하다.

한편 마태 효과에 대한 우리의 관점은 극단적 자연주의와 사회구성주의 사이에 놓여 있다. 마태 효과는 분명히 자연 속에도 존재하고, 자연의 일부인 우리가 자연환경을 완전히 통제하는 것은 불가능하다. 우위의 누적이 가속화되는 자연적인 경향은 이제껏 우리가 살펴본 모든 분야—과학, 기술, 경제, 정치, 교육—에서 확연하게 나타난다. 반면 어느 정도의 불평등은 불가피한 것이라고 해도 우리는 인간 사회에 존재하는 불평등과 누적 우위를 제한하고 통제하기 위해 자연적 과정에 개입할 필요가 있다. 질병과 자연재해에 대항해온 인류의 역사를 생각해보라. 개입 여부를 선택하는 것은 결국 우리의 도덕적, 정치적 의지다.

최근 미국에서는 극단적 불균형이 자연스럽고 정상적인 현상이며 심지어 때로는 이롭기 때문에 이를 해결할 방도가 없다는 의견이 지배적이다. 그러나 과거를 돌이켜 볼 때, 우리는 일정 수준 이상의 불평등은 용인하지도 않았고 이를 공적인 측면에서 해결해야 할 심각한 문제로 여겼다. 남북전쟁과 진보주의 시대, 뉴딜, 그리고 인권운동은 극단적인 불평등이 여론과 공공정책에 의해 상쇄되고 제한될 수 있다는 풍부한 증거를 보여준다. 최근 금융계에서 일어난 몇몇 불명예스러운 스캔들을 생각하면 어쩌면 우리는 이제 그런 시대에 접어들고 있는지도 모른다.

## 마태 효과의 사회적 편익과 비용

마태 효과가 우리 사회에 존재한다는 사실을 부인할 사회과학자는 없을 것이다. 비록 혹자들은 그런 마태 효과가 예기치 못한 발견을 부추길 수 있을지 의심하겠지만 말이다. 엘스터(Jon Elster)는 "마태 효과는 거기서 파생된 놀라운 통찰력보다 운 좋게 선택한 성경 구절 때문에 유명해진 것뿐"이라고 말했다. 마태 효과 그 자체는 그리 놀랍거나 신기한 것이 아니다. 빈익빈 부익부, 돈이 돈을 만들고 큰 물고기가 작은 물고기를 먹는다 등 마태 효과는 우리가 흔히 사용하는 경구 속에 뚜렷이 존재한다. 마태 효과는 특별히 논란의 여지가 있거나 불확실한 개념이 아니다. 그저 우리의 도덕체계와 공공정책에서 갖는 의미 때문에 사람들이 칼에 손을 뻗는 것뿐이다.

마태 효과에 대한 우리의 태도는 대개 불평등에 대해 어떻게 생각하느냐에 달려 있다. 불평등을 불가피한 자연법칙이자 사회적 편익으로 여기는 사람들은 불평등의 자정기능을 강조하고 그것이 사회의 안녕과 유지에 필수적인 것이라고 생각하는 경향이 있다. 그들은 마태 효과의 도덕적 의의에는 그다지 관심이 없다. 한편 비판가들은 극단적 불평등이 기본적으로 부당하고 공정하지 못하며 우리 사회에 해를 끼칠 수 있다고 믿는다. 즉 그들은 마태 효과의 부정적 기능에 초점을 맞춘다. 이제 이 두 가지 관점을 차례대로 살펴보도록 하자.

현대 사회학에서 가장 진부한 토론 중 하나는 불평등의 사회적 기능을 둘러싸고 벌어지는 기능주의자와 갈등이론주의자 사이의 논쟁이다. 1장에서 언급했듯이 데이비스와 무어는 인간 사회가 순기능을 하기 위해서는 불평등한 보상이 필수적이라고 주장했다. 우리 사회에는 중요한 기능을 수행할 수 있는 인적 자원이 희소하기 때문에 최고의 자질을 갖춘 사람이 가장 중요한 역할을 하게 하기 위해서는 그들에게 유리한 보상을 해주어야 한다는 것이다. 반면에 터민은 데이비스-무어의 이론을 강력하게 반박했다. 그는 그렇게 불공평한 제도는 원래 의도와 달리 재능 있는 인재들을 좌절시키고 반감을 품게 하고 열악한 처지에 있는 사람들의 충성심을 감소시킨다고 주장했다. 그러므로 불평등은 역기능적인 결과를 가져온다.

머튼은 기본적으로 기능주의자임에도 불구하고 마태 효과가 초래한 불평등의 잠재적 역기능과 도덕적 부당함을 인식하고 있었다. 그는 터민과 마찬가지로 "재능을 의도치 않게 억압"할 수 있다고 우려했다. 머튼은 마태 효과가 대개 의도치 않게 발생할 뿐만 아니라 뚜렷하게 드러나는 경우가 드물다고 지적했는데, 그 이유 중 하나는 마태 효과가 "간혹 사회에 특정한 이득과 가치를 가져오기 때문"이라고 말했다. 여기서 그는 우리가 기본적으로 공정한 사회에 살고 있고 따라서 우위에 있든 열위에 있든 그럴 만한 이유가 존재한다는 미국식 사고에 대해 말하고 있는 것인지도 모른다. 그러나 그는 마태 효과가 야기한 불평등이 단순히 개인적인 문제가 아니라 사회적 문제임을 깨달았다. 라이트 밀스(Wright Mills)처럼, 그는 사회적 과정의 치명적인 결과가 개인의 문제뿐만 아니라 "(그것들을) 축소하거나 타파하기 위해 새로운 제도적 조정이 필요한" 사회적 문제를 초래한다는 사실을 알고 있었다.

그렇다고 마태 효과가 사회적으로 온전히 부정적인 것이라는 의

미는 아니다. 원래 세상이란 딱 잘라 말할 수 없는 복잡다단한 곳이고, 마태 효과는 긍정적인 결과를 부를 수도 부정적인 결과를 야기할 수도 있다. 일례로 개인이 축적한 부는 그것을 어떻게 획득하여 사용하고, 다른 사람의 안녕에 영향을 미치느냐 아니냐에 따라 서로 다른 결과를 불러온다. 생산적이고 사회의식적인 기업에 투자된 부는 의미 있는 일자리와 유용한 상품, 그리고 번영의 물결을 창출할 수 있다. 그러나 부의 축적 그 자체가 언제나 유익한 사회적 결과를 가져오거나 도덕적 선행에 대한 정당한 보상을 의미하는 것은 아니다. 만약 그렇다면 성인(聖人)들은 모두 부자가 되어야 할 테고 제약업계의 제왕들은 가난져해야 할 테니 말이다.

그렇기 때문에 마태 효과는 수많은 윤리적 문제를 안고 있다. 다만 한 집단의 이득이 다른 집단의 희생을 토대로 하지 않는다면 크게 고민할 필요는 없을 듯하다. 예를 들어, 읽기 기술의 습득에 관해 생각해보자. 당신이 많은 어휘를 배우고 익힌다고 해서 내가 새로운 어휘를 익히는 데 방해가 되는 것은 아니다. 만약 내가 당신에게서 새로운 어휘를 배운다면 당신은 오히려 내 학습을 도와주는 셈이 된다. 어휘습득은 희소경제나 제로섬 게임이 아니다. 한 학생의 이득이 다른 학생의 희생에서 비롯되는 것도 아니다. 따라서 평준화 정책(특히 교육)이 과연 진정 공익에 부합할지는 상당히 의심스럽다. 바스트와 라이츠마는 "당연하지만, 우리에게 있어 더욱 바람직한 목표는 보다 뛰어난 학생들을 방해하지 않고도 뒤처진 학생들에게 현대 사회에서 최소한으로 필요한 읽기 기술을 익히게 하는 것이다."이라 말했다. 바스트와 라이츠마는 평등 그 자체에 도덕적으로 반대하는 것이 아니다. 그저 한쪽을 끌어내리는 것이 아니라 다른 쪽을 끌어올리는 것으로도 평등을 실현할 수 있다고 옹호하는 것이다. 다시 말해 뛰어난 학생들의 발목을 붙잡기보다 뒤처져 있는 학생들이 향상할 수 있도록 하는 것이 우선이라는 얘기다.

   희소성의 원칙이 지배하는 경제 분야의 경우에는 한 집단의 이익이 대개 다른 집단의 손해로 이어지는 제로섬 게임이 일반적이다. 때로는 마르크스와 다른 학자들이 오랫동안 주장한 바처럼 한 집단이 다른 집단을 착취하기도 한다. 이런 경우 우리는 그러한 사회제도가 누구에게 이롭게 작용하는지를 따져봐야 한다. 왜냐하면 우리의 사회제도는 특정 사회집단과 그들의 이해관계에 대해서는 기능적으로 작용하지만 동시에 다른 집단에 대해서는 역기능적으로 작용할 수 있기 때문이다. 이는 희소성의 원칙이 지배할 때 더욱 그러한데, 여기에 대한 한 가지 해결책은 경제성장을 촉진해 제로섬 희소경제를 포지티브섬 경제로 변환함으로써 모든 이들에게 더욱 큰 파이 조각을 안겨주는 것이다. 궁극적으로 자산의 분배는 대개 계급 간의 투쟁을 통해—정치적 수단을 이용하든 폭력적 수단을 이용하든—결정된다. 상류계급은 자원을 상향으로 재분배하려고 강구하는 반면 아래쪽에 위치한 계층은 하향식 분배를 원하기 때문이다.

## 평등주의와 불평등주의의 전통

희소한 자원을 두고 다투는 과정에서 우리는 분배의 정의나 자원의 공정한 분배를 합법화하는 다양한 개념들을 접하게 된다. 대부분의 사람들은 개인 또는 집단이 공정하게 분배된 자원을 누릴 자격이 있다는 데 동의할 것이다. 그러나 다양한 철학적, 종교적, 그리고 이념적 전통은 공정한 자원분배라는 개념에 대해 서로 견해가 다르다. 어떤 이들은 극단적인 불평등을 묵과하거나 오히려 옹호하고 또 어떤 이들은 격렬하게 반발한다.

철학적 전통에서, 아리스토텔레스주의는 자연법칙이라는 이유로 불평등을 옹호한다. 플라톤의 후계자인 아리스토텔레스는《정치학(Politics)》등의 저작에서 이상적인 사회란 계급적 질서에 따라 선천적으로 우월한 이들이 선천적으로 열등한 이들을 지배하는 곳이라고 말한다. 아리스토텔레스는 합리적인 사고가 불가능한 이들은 당연히 노예가 될 수밖에 없다며 노예제를 정당화하기도 한다.

한편 고대의 이런 불평등주의는 중세 유럽으로 옮겨가면서 변형을 거친다. 중세 군주들은 자신들이 신의 대리인이라는 왕권신수설을 내세워 철저한 계급사회를 통치했다. 아직까지도 고대와 중세식 사고에 물들어 있는 일부 보수주의자들은 사회의 계급화가 보다 숭고한 자연법칙 또는 신성(神聖)에 의한 것이라고 주장한다.

이후 현대 자본주의가 도래하자 시장체제가 초래한 극단적 불평등을 정당화하는 새로운 철학사조가 등장하는데, 자본주의 철학자인 애덤 스미스(Adam Smith)의 자유주의 후계자들은 시장에서 발생한 부의 집중이 정당하다고 주장한다. 현대 자유주의와 전통 보수주의는 그들의 철학적 차이에도 불구하고 사회적 평등의 이상에 대해서는 똑같이 반감을 표시한다.

한편 불평등주의의 반대 진영에는 보다 크고 위대한 사회적 평등의 가치를 강조하는 다양한 철학, 종교, 이념적 전통이 존재한다. 그러나 이들 중 완벽한 평등을 꿈꾸는 무리는 없다. 이들은 인간 사회에 나타나는 불평등을 어느 정도 통제하고 제한하고자 하는 것뿐이다.2 이러한 평등주의와 불평등주의는 세계적으로 널리 퍼져 있는 수많은 종교 전통에서도 발견된다. 고대 유대교는 비록 강력한 계급제와 군주제를 배경으로 하고 있긴 했지만 안식년이라는 평등주의 전통이 있었다. 유대 사회의 구성원들은 사회정의를 위해 7년마다 모든 빚을 청산하고 자원을 재분배하며, 7년이 일곱 번째 반복되는 해에는 희년(禧年)이라 하여 축제를 벌인다. 기독교에도 평등주의 개념이 깃들어 있다. 예수는 산상수훈과 그의 가르침 전반을 통해 가난한 자들을 총애하고 부자들을 벌하며 거의 혁명적인 사고방식을 발휘해 나눔의 도를 행할 것을 요구한다. 예수의 평등한 가르침은 이후 교회에 등장한 수많은 사람들의 계급적, 보수적 가르침과는 날카로운 대비를 이룬다. 이슬람교도 빠트릴 수 없다. 이슬람교는 믿음의 다섯 가지 기둥 중 하나로 가난한 자들에 대한 자비와 나눔을 꼽는다. 불교에서 중생을 구제하는 미륵불은 가장 중요한 테마 중 하나다. 이처럼 종교적 전통은 각기 독특한 방식으로 나눔의 덕과 평등의 정신을 가르친다.

평등주의는 좌파적 이념과 사회운동에서도 뚜렷하게 드러난다. 미국의 노예폐지론과 인권운동은 인종적, 민족적 평등을 추구했다. 노동조합 운동은 근로조건과 보다 평등한 임금정책을 불러왔다. 페미니스트들은 여성의 경제적, 사회적 평등을 부르짖었고, 빈곤퇴치와 채무구제 운동은 경제적 열위라는 무거운 부담을 지고 있는 사람이나 국가를 구제하기 위해 열렬히 싸웠다. 이 같은 사회운동과 이념들은 우위에 있는 집단들이 그렇지 않은 집단에게 부와 권력을 재분배해야 한다고 주장했다. 그들은 극단적인 불평등이 존재할 경우 기회의 평등이 처음부터 불가능하다는 사실을 깨닫고, 각 계급과 인종, 성별, 국가들에 보다 평등한 기회를 제시하기 위해 노력했던 것이다.

현대 철학과 윤리학에서 상대적 평등주의를 주창한 이들로는 피터 싱어(Peter Singer)와 존 롤스(John Rawls)를 들 수 있다. 싱어는 극단적 불평등은 특권층에게 도덕적인 책임을 지워 오히려 궁핍하고 절박한 이들을 위해 일하도록 만든다고 주장했다. 롤스는 그의 유명한 저작인 《정의론(A Theory of Justice)》에서 가상의 '무지의 베일' 뒤에서 공정함과 정의를 판단하는 사고실험을 제기했다. 롤스는 자신의 사회적 위치와 계급(예: 성별, 인종, 부, 재능 등등)에 대해 무지한 합리적이고 이기적인 개인에게 어떤 종류의 사회를 구축할 것인지 물었다. 말하자면 만약 자신이 미래에 환생을 하게 된다면 어떤 사회에서 살고 싶은지 묻는 것과 비슷하다. 롤스는 이러한 사고실험을 통해 구축된 공정한 사회에서는 지금보다 훨씬 공평한 기회가 주어질 것이라고 말했다. 공정한 사회는 곧 평등한 사회가 될 것이다.

말할 필요도 없겠지만, 지금 우리가 사는 이 사회는 우리의 바람과는 달리 대단히 불공평하다. 어떤 이들은 갓난아기 때 이미 어마어마한 부자로 태어나지만 어떤 이들은 태어나자마자 굶어죽을 수도 있다. 어떤 이들은 평생 뼈 빠지게 일하고도 입에 풀칠조차 하기 어렵고 어떤 사람들은 평생 놀고먹을 수 있는 재산을 물려받는다. 불시에 덮쳐오는 불운이나 질병은 그 사람이 얼마나 착한지 따위에는 관심도 없다. 전쟁과 자연재해, 질병은 수십, 수백만 명의 무고한 생명을 앗아간다. 그러나 삶이 언제나 공평한 것은 아니라는 이 당연한 진실에도 불구하고 너무나도 많은 사람들이 세상이 공평하다고 믿는다. 그들은 수많은 반증에도 불구하고 세상이 공평하고 정의롭다고 생각한다. 지금처럼 살고 있는 데는 다 그만한 까닭이 있기 때문이라고 믿는다. 러너(Melvin Lerner)는 공정한 사회에서 살고 있다고 믿는 이들은 성공한 사람들의 덕을 칭송하고 운명의 희생자들을 비난하는 경향이 있다고 말한다. 그들은 아무런 증거도 없으면서 복권당첨자들이 다른 이들과 달리 열심히 일했기 때문에 복권에 당첨될 자격이 있다고 생각하며, 강간을 당한 여성은 그것을 '바랐을 것'이라고 믿는다. 루빈(Zick Rubin)과 페플로(Letitia Anne Peplau)는 '공정한 세상이라는 사관'을 받아들이는 사람들은 대부분 종교적이고 보수적이고 권위적이며, 가난한 사람들에 대해 부정적이라고 지적했다. 앙드레(Claire Andre)와 벨라스케스(Manuel Velasquez)는 공정사회에 살고 있다고 믿는 사람들은 타인의 안녕에 대한 책임을 포기함으로써 자신이 진정한 정의를 추구하고 있는 것이 아니라는 사실을 합리화한다고 주장했다.

공정사회에 대한 또 다른 믿음으로는 최소한의 규제를 받는 시장이 보상의 분배에 있어서는 더욱 공정하다는, 미국 사회에 널리 퍼져 있는 인식을 들 수 있다. 그들의 믿음에 따르면 시장은 전지

전능한 무류(無謬)의 신과도 같으며, 기업가 정신과 근면한 노동에 대해서는 높은 보상을 하지만 나태에 대해서는 벌을 내림으로써 엄중한 정의를 실현한다. 이러한 시장의 지혜에 의문을 제기하는 것은 불경한 짓이다. 그러나 좌파 비판가들은 이에 대해 경제적 우위를 도덕적 미덕과 동일시하고 부자가 부자인 데는 그만한 이유가 있다고 믿는 매우 순진한 세속적인 이론, 또는 시장근본주의일 따름이라고 비웃는다.

일반적으로 다른 모든 조건들이 동일할 때, 시장경제는 열심히 일하고 보다 독창적인 사람들을 선호하는 경향이 있다. 문제는 다른 모든 조건들이 동등한 경우는 없다는 것이다. 가진 자들이 누리는 것들(생물학적인 우위든 또는 경제적, 문화적인 우위든)은 대부분 그것을 영위하던 전 세대에게서 아무런 노력도 대가도 없이 물려받은 것이다. 물론 어떤 우위는 정당하게 획득한 것일 수도 있다. 그러나 대다수는 그저 부유한 환경에 태어났기 때문에, 혹은 다른 사람들의 노동을 착취하거나 남들을 속이고 힘으로 빼앗거나 아니면 순전히 운이 좋아서 얻은 것에 불과하다. 그리고 나머지는 마태 효과의 자기실현적 특성을 통해 축적된 것이다. 마태 효과는 도덕적 판단과는 상관없이 애초에 존재하던 우위와 열위를, 나아가 보상 분배의 불평등을 심화한다.

시장의 공정성을 믿는 것은 자유주의 철학과 관련이 있다. 자유주의 철학은 경쟁과 개인의 자유, 개인의 책임, 그리고 개인주의적 가치를 강조한다. 반대로 보다 평등주의적인 전통에서는 개인의 책임만큼이나 사회적 의식을 강조하며, 따라서 지금보다 평등하고 공정한 세상을 만드는 책임 역시 우리 모두에게 있다. 평등주의자는 마태 효과가 극적으로 불공정한 결과를 초래할 경우 과감히 개입하여 그 효과를 타파할 책임이 있다고 믿는다.

## 대항력

앞에서도 지적했듯이, 머튼은 마태 효과가 건설적인 영향을 끼칠 뿐만 아니라 파괴적인 결과를 초래할 수도 있음을 잘 알고 있었다. 그는 그러한 현상이 발생했을 때 역효과를 축소하거나 타파하기 위해서는 '새로운 제도 정책'이 필요하다고 역설했다. 그는 일찌감치 민주 사회가 '민주적 가치를 실천'하기 위해서는 "기회의 평등을 보존하고 확장해야 한다"라는 사실을 깨닫고 있었던 것이다. 그는 이처럼 마태 효과를 억제할 수 있는 힘에 '대항 과정'이라는 이름을 붙였다. 비록 머튼이 상세하게 기술하지는 않았지만, 우리는 그러한 대항력(자연적인 것이든 인공적인 것이든)이 무엇인지 대략 알고 있다. 그 중 몇 가지를 살펴보자.

## 수학적인 힘

자연 상태에서 영원히 자라는 것은 없다. 심지어 기하급수적인 성장 그래프도 점근선에 가까워지면 성장 속도가 더뎌진다. 그러므로 아무리 성공적인 집단 또는 개인이라도 우위의 축적에는 한계가 있을 수밖에 없다. 우리는 복리가 어떻게 마태 효과를 발생시키고 유지시키는지 알고 있다. 그러나 세상에는 그런 효과를 제한하거나 심지어 반대로 되돌림으로써 우위의 축적을 제한하고 보다 큰 평등을 불러올 수 있는 수학적이고 통계적인 원칙이 존재한다. 가령 평준화 법칙을 생각해보라. 극단적인 수치들은 시간이 지날수록 빠른 속도로 평균을 향해 이동한다. 두 명의 천재 또는 두 명의 뛰어난 운동선수들이 결혼한다면 우리는 그 자손들 또한 비범할 것이라고 기대할 것이다. 그러나 그들의 자녀들은 부모들에 비해 평범하게 태어날 가능성이 다분하다. 평균으로의 회귀는 극단적 불평등을 잠재우며, 마태 효과와는 상반된 반향으로 작용한다. 따라서 셰이위츠(Bennet Shaywitz)와 동료들은 "(읽기 능력에 있어) 마태 효과의 잠재적 표현은 평균으로의 회귀에 의해 복잡해진다. 회귀 효과는 대개 한 시험에서 높은(낮은) 점수를 받는 아동들이 실질적으로 능력에는 변화가 없었음에도 불구하고 다음 시험에서 낮은(높은) 점수를 받았을 때 발생한다"라고 말했다. 셰이위츠와 동료들은 "마태 효과가 명백하게 드러나는 IQ 테스트의 경우, 평균으로의 회귀는 마태 효과를 능가할 수도 있다"라는 결론을 내렸다.

극단적 불평등을 완화하는 또 다른 통계원칙은 바로 '천장 효과'이며, 이와 대조되는 개념에 '바닥 효과'가 있다. 천장 효과와 바닥 효과는 통계 수치가 정해진 상한선이나 하한선을 벗어나지 못할 때 발생한다. 예를 들어 주어진 인구 내에서 컴퓨터 사용자의 수는 0퍼센트 이하 100퍼센트 이상으로는 표시될 수 없다. 2장에서 말한 바와 같이 미국 같은 선진 산업사회에서 컴퓨터 사용자의 비율의 증가세는 사용자가 100퍼센트라는 한계에 도달했다는 표상 때문에 필연적으로 후퇴한다. 반대로 개발도상국에서는 성장할 여지가 충분하므로 백분율을 극적으로 향상시킬 수 있다. 요컨대 선진국들은 컴퓨터 사용인구의 비율이 이미 천장에 접근하고 있고, 개발도상국은 계속 성장을 거듭함으로써 격차가 줄게 된다.

교육 분야에서 다른 예를 들어보자. A학점을 얻은 학생들은 C를 얻은 학생들과의 간극을 지금보다 더욱 늘릴 수가 없다. 왜냐하면 A보다 높은 점수는 없기 때문이다. 그들은 이미 천장에 도달했기 때문에 더 이상 올라갈 여지가 없지만 C를 얻은 학생들은 아직도 개선될 여지가 상당하기 때문에 두 집단의 간격을 좁힐 수 있다.

세 번째 통계적 현상은 우리가 세대 간 분산이라고 부르는 것으로, 한 세대의 우위가 다수의 다음 세대에 분산되는 것을 뜻한다. 이를테면 한 명의 부자가 다수의 상속자들에게 자산을 나눠주는 것과 같다. 여기서 유산분배는 부의 재분배라는 결과를 가져오고, 전체적으로 불평등을 감소시키는 효과를 가져온다.3 만일 내가 100만 달러의 재산을 다섯 명의 식구들에게 골고루 나눠준다면 그들은 각자 20만 달러의 재산을 갖게 되고 그 결과 부의 분산이 이루어지는 것이다. 카이스터(Lisa Keister)는 형제자매가 많을수록 자산은 이처럼 희석된다고 말한다. 선대의 자산을 물려받은 형제자매들은 다시 다수의 자손들에게 부를 나눠주고, 그리하여 자산은 시간이 지날수록 분산되어 일족들 사이에 공평하게 분배된다. 물론 복리처럼 이 부를 다시 집중화하려는 경제적 요소가 작용한다는 사실은 부인할 수 없다. 그러므로 세대 간 분산만으로는 미래의 불평등 구조를 타파할 수 없다.

마지막 통계적(그리고 경제적) 현상은 '낙수 효과'다. 보수적인 경제학자들은 이 용어에 반론을 제기하는데, 낙수 효과는 경제 성장을 활성화하기 위해 상위 소득집단에 감세나 그 밖의 다른 혜택을 줬을 때 그 결과로 나타난다. 이런 정책은 상류층에 경제적 우위를 집중하는 효과를 가져오는데, 이론적으로 볼 때 만약 감세혜택을 받은 자본이 생산적으로 투자되면 새로운 일자리를 창출하고 따라서 부를 점진적으로 하향 분배함으로써 보다 열악한 위치에 있는 이들에게 혜택을 줄 수 있다. 그러나 회의주의자들은 현실적으로 하위계층이 그러한 혜택을 얻는 경우가 거의 없다는 점을 지적한다. 1980년대에 레이건 정부가 감세정책을 펼쳤을 때 그로 인한 경제적 혜택의 60퍼센트가 인구 중 가장 부유한 1퍼센트에게 돌아갔으며, 중산층은 약간의 떡고물을 얻었을 뿐이고 저소득층은 거의 아무런 혜택도 얻지 못했다. 한편 근래의 정책입안자들은 중산층과 저소득층의 세금을 감면해 소비자 지출을 증대하여 '분수 효과'를 노리자는 제안에 대해 그리 적극적으로 반응하지 않고 있다.[4]

**경쟁의 변천**

마태 효과의 영향력을 상쇄하는 힘은 통계적 요소뿐만 아니라 사회적 요소에도 존재한다. 과학이나 스포츠, 또는 상업 분야에서도, 자산이 제한된 경쟁세계에서 여유가 존재하는 곳은 오직 꼭대기 층뿐이다. 상업 시장이나 스포츠 리그 같은 경쟁체제에서는 경쟁의 구조와 규제방식에 따라 마태 효과가 증폭될 수도, 또는 축소될 수도 있다. 반면 시장체제에서는 마태 효과를 규제할 방도를 찾지 못할 때 독점이나 과점 현상이 발생한다. 이때 우세한 기업들은 경제권력이나 정치권력을 사용해 경쟁사들을 무너뜨려 우위를 더욱 탄탄하게 다진다. 스포츠 리그에서 흔히 볼 수 있는 것처럼 말이다. 한편 공정한 경쟁을 고무하고 보호하는 규제가 존재할 때는—입법부가 공정무역정책을 발효하거나, 몇 년 전 프로 미식축구팀들의 균형을 맞추기 위해 새로운 규칙을 공표했을 때처럼—시장

지배적인 기업과 프랜차이즈가 비틀거리는 새를 틈 타 신참 기업들이 순식간에 꼭대기로 뛰어오를 수도 있다.

슘페터(Joseph Schumpeter)는 자본주의의 원동력은 '창조적 파괴'라는 매우 유명한 말을 남겼다. 경쟁경제는 극단적으로 불안정해질 수 있으며, 여러 회사들이 시장의 지배권을 놓고 치열한 경쟁을 벌이고 있을 때는 그 어떤 회사도 성공을 자신할 수 없다. 베블런(Thorstein Veblen)은 특정 산업의 초창기 혁신자들은 '선두주자의 벌금'을 지불하는 경우가 흔하다고 했다. 어떤 산업의 선구적인 회사나 국가들은 얼마 동안은 그 분야에서 독보적으로 앞서나갈 수 있을지 몰라도 곧 그들의 실수를 타산지석으로 삼은 경쟁사나 경쟁국들에게 선두를 추월당하게 된다는 것이다. MS는 자신들이 언제까지고 월계관을 쓰고 있을 수는 없으며 언젠가는 보다 민첩하고 기민하고 혁신적인 경쟁자들에게 따라잡힐 것이라는 사실을 알고 있다. 과거 IBM이 다른 컴퓨터 회사들에게 추월당했던 것처럼 말이다. 치열한 경쟁체제 안에서 영원한 부자란 없다. 그들은 흥망성쇠를 반복하고, 서로 다른 국가들과 기업들은 계속해서 서로를 몰아내고 그 자리를 차지하려 한다. 최근 글로벌 경제의 경쟁에 불안감이 고조되고 있는 이유는, 많은 미국인들이 제2차 세계대전 이후 미국이 유지해온 경제적 패권이 언젠가 중국이나 인도에게 넘어갈지도 모른다는 사실을 인식하기 시작했기 때문이다. 로스토는 《어째서 가난한 이는 부유해지고 부유한 이들은 침체되는가(*Why the Poor Get Richer and the Rich Slow Down*)》(1980)라는 저서에서 중국과 인도의 급격한 성장을 내다본 바 있다.

'바보는 돈을 잃는다'는 유명한 경구를 생각해보라. 초기의 우위가 개인이나 회사나 국가를 치명적 실수나 잘못된 판단에서 구해줄 수는 없다. 2장에서 언급한 프로이트의 말처럼 어떤 이들은 "성공 때문에 파멸한다." 마태 효과는 보험이 될 수 없다.

### 평등주의운동

고대 로마 시대의 노예들의 반란에서부터 중세 시대 농노들의 반란, 그리고 프랑스 혁명을 거쳐 오늘날에 이르기까지, 역사의 중요한 장을 장식하는 사회운동들은 누적 우위의 특권에 대항하기 위한 것들이었다. 앞에서 우리는 노예해방운동과 진보주의운동, 뉴딜, 근대 노동운동과 인권운동 그리고 여성평등운동 등의 역사적 움직임에 대해 이야기한 바 있다. 그러나 이런 평등주의운동이 장기적으로 성공하기 위해서는 먼저 정부와 법률을 활용하여 불평등 제도에 대한 반대 이론을 제도화해야 한다.

### 정부의 개입

우리 사회에 부정적인 영향을 미치는 마태 효과를 완화하기 위해서는 대개의 경우 정부의 개입이 필수적이다. 그러한 목적으로 제정된 법률들은 무수히 많다. 미국만 해도 누진과세와 유산세, 다양한 종류의 이전지출(예: 식량배급표, 주택보조금), 차별철폐조치, 헤드스타트 프로젝트, 소수민족 보호구역, 그리고 혜택 받지 못한 개인이나 집단에 자원과 기회를 재분배하기 위해 만들어진 프로그램과 기타 수단들을 생각해보라. 헤르난데스(Donald Hernandez)와 매카트니(Suzanne Macartney)는 지난 20년 동안 흑인과 히스패닉계 아동들이 건강과 복지 등 총 28개 척도에서 뚜렷한 발전을 보임으로써 백인 아동들과의 격차가 상당 부분 감소했다고 보고했다. 이는 부분적으로 빈곤층에게 탁아보조 지원금과 취학 전 교육, 아동건강보험, 근로장려세 등을 제공한 정부의 지원 프로그램 덕분이다. 더불어 아동낙오방지법(No Child Left Behind)은 무수한 단점에도 불구하고 모든 학생 집단의 읽기 능력과 수학 능력을 향상하여 흑인과 히스패닉계 학생들과 백인 학생들의 학업성취도 격차를 줄여주었다(전 미국 교육 프로그램 평가, 2005). 미국 남성과 여성의 연봉 격차 또한 1980년대 이후 차츰 줄어들고 있는 추세다. 여성에게 동등한 고용기회를 제공할 것을 장려한 정부의 법규가 없었다면 이런 일은 결코 일어나지 못했을 것이다.

    보수 진영의 비판가들은 정부의 평등정책 프로그램이 언제나 장점보다 단점이 더 많다고 주장한다. 그러나 그런 주장은 만약 우위의 누적이 무제한적으로 허용되었을 경우 오늘날 미국이 어떤 모습을 하고 있었을 것인가에 대한 질문을 간과한 것이다. 만약 누진세와 사회보장제도, 메디케어, 인권운동과 여성평등운동이 없었다면 과연 미국은 어떻게 되었을까? 정부의 개입은 분명 만능해결책은 아니지만, 만약 소득세와 상속세에 누진과세를 추진하고 인권을 보호하기 위한 법률을 제정하지 않았다면 미국은 각 계급 간에 도저히 건널 수 없는 거대한 간극이 존재하는 사회로 전락했을 것이다.

세계화 역시 미국 내에서 불평등을 심화하는 원인 중 하나로 손꼽히고 있다. 프리드먼(Thomas Friedman)은 세계적으로 경제적 경쟁과 불안정성이 증가하고 있는 추세에 대응하여 정부 주도 프로그램을 확충하자고 주장했다. 그는 경제적으로 혼란한 시대에 미국의 노동자들이 직업 재훈련이나 평생교육 같은 수단을 통해 불안정한 세계 경제 속에서 살아남고 또 이를 극복하도록 도울 수 있는 '공중그네'와 '트램폴린', '사회안전망'을 제안했다. 물론 이런 프로그램을 시행하려면 아무 일도 하지 않을 때보다 더 많은 경제적, 사회적 비용을 부담해야 할 것이다.

**이타주의와 계몽된 이기주의**

마태 효과를 제동하는 마지막 브레이크는 특별하게 언급할 가치가 있다. 그것은 매우 우위에 서 있는 사람들이 진정한 이타주의에서 든 또는 계몽된 이기주의에서든 자신이 갖고 있는 우위를 보다 불리한 위치에 있는 사람들에게 재분배할 때 발생한다. 이타주의와 계몽된 이기주의를 구분하는 것은 매우 중요하다. 왜냐하면 이 둘은 자주 혼동되는 경향이 있기 때문이다. 이타주의는, 성 베드로의 말에 따르면 "기꺼이 베풀되 그 대가를 생각하지 않는 것"이다. 진정한 이타주의는 자기희생적이다. 반면 계몽된 이기주의는 분명 찬탄할 만한 것이기는 하나 관대함을 베푼 사람에게 다시 혜택이 돌아올 가능성에 무게를 둔다. 예를 들어 헨리 포드는 자동차의 가격을 낮추고 자신이 고용하고 있는 노동자들에게 자동차를 구매할 수 있는 수준의 높은 임금을 지급했는데 그것은 고용인들의 안녕과 복지를 위해서라기보다 자기 자신의 이해를 위해서였다. 그러나 이런 기민한 비즈니스 결정은 굳이 자기 희생정신에 기대는 것은 아니라고 해도 노동계급의 번영을 촉진하고 그 과정에서 중산층의 규모를 확대한다.

    그렇다면 우리는 자선사업가들을 어떻게 받아들여야 할까? 그들은 이타적인 사람들인가? 억만장자인 빌 게이츠와 워렌 버핏이 빈곤국에서 질병으로 고통 받고 있는 아동들을 돕기 위해 자산의 상당 부분을 기부했을 때, 그들은 감세혜택과 긍정적인 홍보 효과를 노린 것이었을까, 아니면 일부 사람들이 주장하듯이 명예와 자부심을 얻기 위한 것이었을까? 혹시 이들이 진정 타인의 안녕과 복지를 바라는 건 아닐까? 동기가 얼마나 복잡하든 간에, 그들의 자선 행위는 열악한 입장에 있는 사람들에게 누적 우위를 재분배함으로써 그들이 거대한 부를 축적할 수 있었던 원인인 마태 효과를 상쇄하는 결과를 낳았다.

## 결론: 거위와 황금알

많은 자선 행위가 벌어지고 있음에도 불구하고 이 시대가 과연 이타주의의 시대로 기록될지는 아직 미지수다. 경제경영서 작가인 로버트 새뮤얼슨(Robert Samuelson)은 우리 시대의 "미국인들은 부자와 빈자의 격차에 관심을 갖기보다 거침없는 전진을 추구한다"라고 지적하며 그것이 옳은 태도라고 말했다. 과연 그러할까. 특권층은 계속해서 누적되는 우위를 마음껏 즐기지만 그러한 우위는 그들 자신의 노력이나 독창성, 도덕성의 대가가 아니라 기존의 (생물학적, 경제적, 또는 문화적) 우위를 증폭한 마태 효과의 사회적이고 수학적인 결과에 불과하다. 말하자면 그들은 자신이 일으키지도 않은 거대한 파도를 타고 날고 있는 것뿐이다. 그들보다 불운한 사람들은 그 파도에 휩쓸려 아래쪽에서 허우적거리고 있다. 마태 효과로 기존의 우위와 열위가 증폭하기 때문에, 불행한 자들의 불운도 행운아들의 행운도 실은 모두 부당하게 부여된 것들이다.

우위에 있는 사람들은 자신들이 스스로 그러한 우위를 획득했고 따라서 그것을 자유롭게 누릴 권리가 있다고 믿고 싶어한다. 이해득실이란 인간의 삶에서 대단히 강력하게 작용하고, 현실에 대한 우리의 사고와 인식을 형성하는 주된 요소다. 그래서 혜택 받은 이들은 공정사회라는 신화를 아무런 거리낌 없이 받아들이고 믿는다. 마태 효과의 결과를 정당화하기 위해서뿐만 아니라 그것이 형성되는 과정 또는 메커니즘을 정당화하기 위해서다. 마태 효과로 이득을 얻는 사람들은 황금알뿐만 아니라 황금알을 낳는 거위까지도 보호하고 싶은 것이다. 그들은 지금껏 크고 강력한 사회적 우위를 축적해왔고, 앞으로도 경제적, 정치적, 문화적 권력을 통해 그런 우위를 보호하고 나아가 더욱 증강할 수 있기 때문이다. 그러므로 그들은 마태 효과의 영향력을 균형적으로 조절하고자 하는 평등주의자들에게 맞서 싸웠을 때 대부분 성공을 거둘 수 있다. 그들은 이미 갖고 있는 우위를 이용하여 더 큰 우위를 축적해줄 수 있는 마태 효과를 보호한다. 새뮤얼슨은 이것이 세상의 이치이며, 이를 변화시키는 것은 어려운 일이라고 결론짓는다.

그러나 이 같은 결론은 공정함에 대한 우리의 인식을 모독하는 듯 느껴진다. 특권이 상속되고 우위가 증식되고 극단적인 불평등이 지배하는 세상을 너무나도 쉽게 인정하다니, 이런 세상을 더욱 공평한 곳으로 변화시켜야 할 도덕적, 사회적 책임은 없는 걸까?

민주주의와 평등주의 전통을 지켜온 이들은 이런 분석에 어떻게 반응해야 할까? 역사란 언제나 예기치 못한 사건들의 연속으로 이루어져 있다는 점을 지적하는 건 어떠한가. 미국의 경우, 불평등이 심화되는 시기에는 언제나 그에 대항하는 움직임이 일어나곤 했다. 노예해방운동에서부터 진보주의운동, 뉴딜, 인권운동과 오늘날의 남녀평등주의운동에 이르기까지 언제나 양극화가 진행되면 이에 저항하는 사회운동이 터져 나왔다. 새로운 아이디어와 리더십, 이해관계의 연합과 잠재적인 동맹이 끊임없이 일어나고 또 서로 협력했다. 앞으로 이런 저항은 국경을 넘어 전 세계로 퍼져나가게 될 것이다. 우리는 이 굳센 저항운동이 어디서 발생할지 아직 알지 못한다. 그러나 단 하나, 우리가 알고 있는 것이 있다면 바로 마태 효과와 그 치명적인 결과에 대한 인식과 지식이 광범위하게 퍼진다면, 우리 시대의 사회과학자들과 정책입안자, 그리고 일반시민들 사이에 보다 진지하고 수준 높은 논의가 진행될 것이며 그에 따라 21세기에 더욱 심화되고 있는 양극화 현상에 맞서 올바른 선택과 행동을 할 수 있으리라는 것이다.

부록

# 경제적 불균형의 추이

The Matthew Effect

The Matthew Effect

3장 말미에서 우리는 미국과 같은 현대 민주사회의 공공정책이 군나르 뮈르달이 원했던 것처럼 부와 소득을 보다 균등하게 분배하는데 성공했는지, 그리고 이 세계가 경제적 자원을 분배하는 데서 보다 평등한 곳이 되었는지 물었었다. 이 어렵고 까다로운 질문에 대한 대답은 우리가 불평등에 대해 어떻게 정의하고 인식하고 있느냐에 달려 있다. 부록에서 우리는 이 질문들을 보다 면밀히 검토하고 미국과 전 세계에서 경제적 불균형이 어떤 모습으로 나타나고 또 변화하고 있는지 살펴본다.

## 미국에서 경제적 불균형은 심화되고 있는가

질문에 대답하기에 앞서, 우리는 경제적 불균형이라는 개념의 정의에 대해 고민해야 할 필요가 있다. 그저 단순한 대답을 기대했던 이들은 다음과 같은 방법론적 질문을 마주하면 크게 당황할 테니 말이다.

1. 1년처럼 특정한 시간 단위로 계산된 소득 불균형에 초점을 맞출 것인가, 아니면 누적 자산의 불균형에 초점을 맞출 것인가? 경제학자들은 대체로 부가 소득보다 불공평하게 분배된다고 말한다.
2. 어떤 분석단위를 사용할 것인가? 개개인을 비교할 것인가, 아니면 가구나 지역, 국가를 비교할 것인가?
3. 어떤 통계 기준을 적용할 것인가? 인구 중 가장 부유한 집단과 가장 빈곤한 집단(예: 상위 또는 하위 몇 퍼센트)의 총 소득 또는 총 누적자산의 비율 변화를 추적할 것인가, 아니면 양극단이 아니라 소득 및 부의 전반적인 분배 경향을 보여주는 지니계수나 타일지수 같은 통계치에 초점을 맞출 것인가? 불평등의 패턴은 우리가 어떤 방법론을 적용하느냐에 따라 대단히 달라질 수 있으며, 선택할 수 있는 방법론의 종류 또한 몹시 다양하다.[1]
4. 관찰 기간을 얼마나 길게 둘 것인가? 5년? 아니면 25년이나 한

세기? 기간의 범위는 대개 이용 가능한 데이터의 유무로 결정되는데, 이러한 관찰 기간은 변화 경향에 대한 우리의 해석과 견해에 지대한 영향을 미칠 수 있다.
5. 데이터의 신뢰도는 얼마나 높은가? 각 국가마다 데이터의 구성 방식이 다르지는 않은가? 통계치가 정치적으로 조작되지는 않았는가?

우리가 사용할 수 있는 거의 모든 기준에 따르면, 최근 수십 년 동안 미국에서 빈부격차는 크게 심화되었다. 1970년대 후반 이래 꾸준히 상승해온 상위집단은 심지어 1890년대 도금시대의 갑부들조차 까무라칠 만큼 성장했지만 하위집단의 재정은 답보 상태이거나 또는 더욱 악화되었다. 이러한 통계치를 보고 커다란 충격을 받은 좌파 학자들은 1980년대 레이건 행정부가 실시하고 2001년 이후에 아들 부시 행정부가 도입한 보수적인 경제정책에 주로 비난의 화살을 돌렸다. 한편 그런 정책들을 옹호하는 보수파는 관련 정책들이 경제 성장을 자극해 결과적으로 계급에 상관없이 모든 미국민을 이롭게 할 것이라 주장한다. 노동조합의 쇠퇴와 첨단기술의 도래, 그리고 국제 무역 경쟁 등은 빈부격차를 더욱 심화하는 또 다른 요인으로 제시되고 있다.

미국의 경제적 양극화가 언제나 악화일로였던 것만은 아니다. 부자와 빈자, 그리고 그 사이에 존재하는 이들의 관계는 늘 다양한 패턴을 그리며 변화해왔다. 《부와 민주주의(Wealth and Democracy)》(2002)에서 필립스(Kevin Phillips)는 미국 역사에 나타난 경제적 불균형의 추이를 분석하고 경제자원 분배의 흐름을 연구했다. 그는 여러 가지 의미에서 현대가 산업이 폭발적으로 발전한 19세기 도금시대와 유사하다고 지적했다. 도금시대에는 마크 트웨인이 '노상강도 귀족'이라고 불렀던 금융계와 산업계의 거물들이 주로 냉혹하고 무자비한 수단을 동원해 막대한 부를 쌓아 올렸다. 그 시대를 사회적 다원주의 시절이라고 부르는 데는 충분한 이유가 있다. 치열한 경쟁과 소수층에 대한 과도한 부의 집중은 결과적으로 진보주의라는 반작용을 불러왔다.

20세기 초반 진보주의 시대에 시어도어 루스벨트는 혁신적인 누진세제를 주장했고 이는 우드로 윌슨의 재임기간에 법률로 제정되어 충분한 재정 능력을 지닌 이들은 더욱 무거운 세금 부담을 지게 되었다. 누진소득세는 도금시대에 누적된 부의 양극화를 해소하기 위해 만들어진 몇 가지 혁신적 수단 중 하나였고, 고소득층을 이용해 중산층과 저소득층에 혜택을 줌으로써 마태 효과를 상쇄했다.

대공황 시기에는 부자도 가난한 이들도 극심한 경제적 손실을 입었는데, 때문에 양쪽 모두 예전에 비해 더욱 가난해지게 되었다. 그러다 제2차 세계대전 이후, 지속적인 경제성장 단계에 들어선 미국은 고소득층과 중산층, 저소득층 할 것 없이 모두 늘어난 부를 누리게 되었다. 아이젠하워와 케네디, 존슨의 시대에 부자와 가난한 사람들은 함께 부를 쌓아갔다. 노동조합이 아직 강대하고 대기업들이 값싼 노동력을 노리고 해외로 생산 공장을 이전하기 전의 일이다. 필립스는 이 전후시대를 번영을 공유하는 '대압착 시대(the Great Compression)'라고 불렀는데, 부자와 빈자 사이의 격차가 크게 감소했기 때문이었다.

1970년대에 접어들면서 다수의 번영은 오늘날까지 지속되고 있는 불평등의 심화에 자리를 내주기 시작한다. 의회예산처의 2004년 분석보고서를 검토한 로엔스타인(Roger Lowenstein)은 1970년대 이래 미국 하위소득계층 20퍼센트 가구의 소득은 단 2퍼센트가 상승한 데 비해(인플레이션 고려) 중간계층은 15퍼센트, 상위 20퍼센트는 63퍼센트나 증가했다고 보고했다. 그는 최근 수십 년 간 눈부신 경제성장이 이루어졌으나 상류층이 그 혜택을 독식했다고 주장했다. 또한 로엔스타인은 저소득층의 미약한 성장이 임금상승보다는 노동시간의 증가에서 기인한 것이라고 지적했다. 한편 상위 1퍼센트 가구의 소득규모는 2004년 인구 총소득의 16퍼센트를 차지했는데, 이는 1979년의 9퍼센트에 비하면 현저하게 증가한 수치다. 파도가 상승하면 모든 배가 함께 떠오른다는 말에 대해 전직 노동부장관인 로버트 라이시(Robert Reich)는 "파도가 상승했을 때 함께 떠오르는 건

값비싼 보트뿐"이며, 그 결과 아래서부터 반동이 발생할 수 있다고 신랄하게 비판한 바 있다.

언제나 부자는 더욱 부자가 되고 가난한 자는 더욱 가난해지는 것이 아니라고 해서 마태 효과가 존재하지 않는 것은 아니다. 그보다 때로는 그 효과를 억제하고 균형을 유지하는 다른 요소—누진세나 강대한 노동조합 같은 대항력—가 작용한다는 것을 의미할 수도 있다. 지금 이 순간에도 세상에는 무수한 힘이 작용하고 있고, 마태 효과는 그중 하나일 뿐이다.

경제학자 이매뉴얼 사에즈(Emmanuel Saez)와 토머스 피케티(Thomas Piketty)는 거의 100년에 걸친 미국의 소득분배 역사를 조심스럽게 분석한 바 있는데, 그들의 발견은 소득 불균형의 추이에 관한 필립스의 연구결과를 뒷받침한다. 저자들은 20세기 초반에서부터 지금까지 전체 인구와 상위 10퍼센트의 소득 비율이 현저한 U자 형태를 그린다는 것을 발견했다. 소득 불균형은 1920년도에 절정을 기록했는데, 제2차 세계대전을 거치며 그 격차가 급격히 감소했다가 21세기 초반에 다시 기존 수준을 회복하기에 이르렀다. 그와 유사한 연구를 행한 폴 리스캐비지(Paul Ryscavage)도 비슷한 결론에 도달했다. 가구 간의 소득 불균형 수준을 측정하는 지니계수는 1920년대에 거의 0.55(0~1 척도에서)에 달했다가 대공황 때 급격히 하락했으며, 제2차 세계대전 때 꾸준히 하락하다가 1950년대와 1960년대에 다시 0.35라는 안정된 수치를 유지했다. 그러나 1970년대에 들어 소득 격차는 다시 커지기 시작해 1980년대에 가속화를 거쳐 1990년대에는 0.45까지 증가했다.

경제학자들은 이 같은 불평등의 심화를 유발하는 메커니즘을 발견하기 위해 노력했다. 한 연구에서 사이먼 쿠즈네츠(Simon Kuznets)는 불평등의 주요 요인으로 기술 혁신을 꼽았다. 그는 새로운 첨단기술은 산업화 초기 단계에는 부를 창출하지만 그러한 부를 공정하게 분배하지 않기 때문에 빈부격차가 심화되는 경향이 나타난다고 말했다. 저소득 농업경제에서 고소득 산업경제로의 이전은 사람들에게 재정적인 도움을 주며 점점 더 많은 근로자들이 도시산업경제에 합류하게 되면서 불평등은 감소한다. 피케티(Thomas Piketty)와 사에즈(Emmanual Saez)는 쿠즈네츠의 가설을 수용하는 한편 오늘날 우리가 "빈부격차가 줄고, 더욱 많은 노동자들이 혁신을 통해 혜택을 얻을 수 있는 …… 새로운 산업혁명"의 초기 단계에 와 있는지도 모른다고 말했다.

피케티와 사에즈는 첨단기술의 중요성을 인식하는 한편, 불평등을 바로잡는 메커니즘으로서 공공정책과 과세정책의 역할을 강조했다. 미국에서 빈부격차의 추이는 세금정책과 관련이 있다. 제2차 세계대전 당시 미국의 조세제도는 누진법으로, 신속한 경제성장과 희생을 공유한다는 그 시대 특유의 평등정신과 일치하는 부분이 있었다. 그러나 1980년대 레이건 행정부에서 누진소득세의 비율이 대폭 줄어들자 미국은 지난 백년 동안 보지 못했던 극심한 빈부격차에 시달리게 되었다.

오터(David Autor)와 캐츠(Lawrence Katz), 키어니(Melissa Kearney)는 소득분배에 영향을 미치는 세 번째 메커니즘을 발견했다. 그것은 첨단기술에 반응하는 시장력으로, 고소득 기술과 저소득 기술의 수요에 영향을 미친다. 1990년대에 시장의 힘은 고기술 고소득 직종과 저기술 저소득 직종 양쪽 모두의 고용 기회를 확대했고 그 결과 상위소득층과 하위소득층의 임금 격차가 심화되면서 양극화 현상이 뚜렷해졌다. 특히 최근 들어 급등한 고급 노동력에 대한 수요는 공급을 훨씬 능가해 골딘(Claudia Goldin)과 캐츠(Lawrence Katz)가 '교육과 기술의 대결'이라고 묘사했던 임금 격차를 불러왔다. 어떤 이들은 주로 라틴 아메리카에서 유입된 이주노동자들이 저임금계층에 지대한 영향을 미쳤다고 주장하지만 여러 증거에 따르면 이주노동력의 증가가 저소득층에 미친 영향은 비교적 작은 편이다.

1970년대 이래 발생한 심각한 소득 불균형에 대해 경제 및 사회 분석가들은 여러 가지 원인을 제시하고 있는데, 그중에는 탈산업화와 저임금 서비스 직종의 증가, 국제 무역 경쟁의 급증, 값싼 노동력을 얻을 수 있는 해외로의 일자리 이전, 가족 구성의 변화(높은 이혼율과 혼외출생 증가 등으로 인한 경제적으로 취약한 편부모 가정의 급증), 그리고 최저임금 붕괴 등이 있다. 이런 수많은 요인들이 불가해한 방식으로 복잡하게 상호작용하면서 불평등의 패턴이 형성되는 것이다. 리스캐비지(Paul Ryscavage)는 이러한 패턴을 간단히 설명할 수 있는 방법은 존재하지 않는다고 강조했다. 불평등의 심화는 한 가지 요인으로 설명할 수 있는 것이 아니다.

경제적 불균형에 관한 연구를 분석한 결과, 리스캐비지에 따르면 소득과 수입의 분배는 대부분의 다른 산업국가보다 미국에서 더욱 불공평하게 이루어진다. 물론 근래에는 세계적으로 소득 불균형이 심화되고 있는 추세이나, 미국은 그중에서도 가장 급격한 변화를 보이고 있다.

지금까지 우리는 소득 불균형의 추이에 관해 살펴보았다. 그러나 소득이 아니라 누적된 자산이나 부로 관심을 돌린다면 경제적 균형의 패턴은 더욱 복잡해진다. 왜냐하면 부는 소득보다 훨씬 불공평하게 분배되는 경향이 있기 때문이다. 시간 흐름에 따라 축적되는 부의 분배에 관한 데이터를 검토하는 것은 소득분배를 연구하는 것보다 훨씬 어려운 일이지만, 관련 증거에 따르면 최근 수십 년 동안 미국에서는 부의 집중이 늘어나는 추세다. 울프(Edward Wolff)는 20세기 말이면 미국 인구의 상위 1퍼센트가 국가 전체 부의 40퍼센트 이상을 보유할 것이며, 상위 20퍼센트에 이르면 80퍼센트 이상의 부를 보유하게 될 것이라고 지적했다. 한편 미국 인구의 하위 40퍼센트는 전체 부의 5퍼센트 미만을 보유할 뿐이며 다섯 가구 중 한 가구는 부채(주택융자 포함)가 총 자산을 능가하는 가계 적자를 기록할 것이다. 최근 연방준비이사회는 소비자금융조사(SCF) 결과 상위 1퍼센트가 좌우하는 국가 총 자산이 1989년 30.1퍼센트에서 2007년에는 34퍼센트까지 증가했다고 보고했다.

미국에서 부의 불균형은 21세기 초반 소득상위층에게 유리한 연방소득세 제도가 실행되면서 더욱 심각해졌다. 소수층에 대한 부의 집중은 초부자들과 부자들의 간극도 더욱 벌려놓았다. 아이러니하게도 수많은 사람들이 경제적 불균형의 심화에 우려를 표하고 못 가진 사람들의 삶이 점점 더 피폐해지고 있음에도 이런 감세정책에 대해 여론은 우호적으로 반응했다. 최근의 증거들은 빈부격차가 점차 가속화되고 있음을 뚜렷이 보여준다.

이러한 경향 속에서 좌파 전문가들은 카스트 제도처럼 특권층이 세습되고 계급유동성이 감소하는 불길한 변화를 감지했다.[2] 한편 우파 진영에서는 보다 밝고 긍정적인 그림을 내다보았다. 콕스(Michael Cox)와 앨름(Richard Alm)은 자신들의 《부자와 가난한 자에 관한 신화(Myth of Rich and Poor)》(1999)가 '좋은 소식을 알리는 책'이라고 말한다. 저자들은 미국의 부자들이 점점 더 부유해지고 있다는 사실을 칭송하는 한편, 가난한 자들 또한 예전보다 부유해지고 있다는 증거를 제시한다. 오늘날의 부자와 가난한 자들은 첨단기술의 경이에 힘입어 중세시대의 왕이나 여왕들보다 훨씬 풍요로운 삶은 누리고 있고, 당시에는 가장 부유한 사람들조차도 상상하지 못했던 쾌적한 시설을 만끽하고 있다는 것이다.

  콕스와 앨름은 미시간 대학교의 소득동태 패널연구에서 추출한 데이터를 인용하여 미국의 빈곤 현상은 보다 극심한 개발도상국의 빈곤과는 다르며, 그 주요 원인은 연령 변화에 있다고 주장한다.[3] 청소년이나 젊은 성인은 사회생활 초입에 당연히 소득이 적을 수밖에 없고, 따라서 저소득층의 상당 비율을 차지하지만 시간이 지나고 경험과 연륜이 쌓이면 소득이 점차 증가한다는 것이다. 즉, 영원히 저소득층에 머무르는 사람은 거의 없다. 콕스와 앨름은 빈곤은 대개 일시적으로 스쳐 지나가는 단계이며, 열심히 일하는 자라면 누구든 이를 극복할 충분한 기회가 주어진다고 주장했다. 또한 그들은 여성과 소수 인종의 경제적 지위 역시 점진적으로 증가하기 때문에 국가가 부자와 빈자라는 두 계층으로 분리되어 있다는 좌파 포퓰리스트들의 주장은 잘못된 것이라고 비난했다.

  미국에 관한 이 상반된 두 가지 견해 중 어떤 것을 받아들여야 할까? 실제로 양쪽 진영은 모두 그들의 입맛에 맞는 선택적인 사실만을 제공하고 있다. 보수적인 콕스와 앨름은 부의 분배보다 격차가 덜한 소득 불균형에 대해 토론하기를 즐기며, 더불어 세대 간이 아니라 한 세대 내의 계급유동성(예: 젊은이가 취직해서 퇴직할 때까지)에 초점을 맞춘다. 왜냐하면 그런 데이터에서는 불평등도가 훨씬 극심하게 드러나며 세대 간의 사회적 유동성은 세대 내에서보다 훨씬 낮기 때문이다. 콕스와 앨름이 각 계층 간의 극명한 경제적 대비를 희석하는 통계를 사용한다면, 좌파 경제학자들은 그 반대 전략을 애용한다. 좌파 학자들은 대개 1970년대 초반 이후 미국의 평균 시급이 감소하고 있음을 들어 노동자들의 삶이 더욱 절박해지고 있다고 말한다. 그러나 우파 경제학자들은 상대 진영이 이용한 소비자 가격 지수가 1년에 1퍼센트 이상 인플레이션을 과장하고 있다고 반박한다. 만약 올바른 인플레이션율을 적용한다면 시급은 오히려 상승곡선을 그릴 것이라는 것이다. 이처럼 어느 쪽 진영에게 도움이 되든 통계가 정치적, 경제적 이해에 따라 구성되고 제시되고 해석된다는 사실은 분명하다. 좌파와 우파 학자들 모두 알론소(William Alonso)와 스타(Paul Starr)가 '수의 정치학'이라고 부르는 것에 젖어 있는 것이다.

최근 양쪽 진영은 미국의 중산층과 저소득층이 경제적으로 향상되었는지 정체되었는지 또는 퇴보했는지를 두고 한참 열띤 논쟁이 진행 중이다. 다시 말하지만 이는 어떤 척도와 방법론을 적용하느냐에 달려 있다. 그러나 성공한 사람이 거듭 성공을 거둔다는 단순한 사실에 대해서는 어느 누구도 감히 반론을 제시하지 못할 것이다. 어떤 기준을 적용하든 최근 수십 년 동안 부자들은 경제학자 프랭크와 쿡이 '승자독식 사회'라고 명명한 곳에서 점점 더 부유해지고 있고, 반면에 그들을 제외한 나머지 미국 사회는 점점 가난해지고 있다.

## 전 세계의 경제적 불균형은 심화되고 있는가

이제 미국을 넘어 보다 광범위한 차원으로 시선을 돌려보자. 국제사회의 빈부격차는 어떠한가? 뮈르달은 선진 사회의 민주정치 제도가 시장력을 억제한다면 극단적인 경제적 불균형을 방지할 수 있다고 생각했다. 그러나 그는 국제적인 맥락에서는 그만큼 낙관적이지 못했다. 뮈르달은 선진 산업국가가 가난한 국가들의 자연자원을 채취하고 값싼 노동력을 착취하고 제조업 상품을 이용하여 새로운 시장을 개척하는 등 지배적인 경향을 내비칠 것이며, 가난한 국가는 인구 과잉이나 상류층의 자본탈출 같은 문제에 휘말려 더욱 복잡하고 비참해질 것이라고 주장했다. 뮈르달의 분석은 세계체제이론과 종속이론가들의 주장과 여로 모로 일치하는데, 이들은 세계 경제의 중심축을 이루는 국가들이 경제적으로 변방에 있는 국가들을 희생하여 부당한 이득을 취한다는 관점을 공유한다.[4] 이러한 불평등은 과거 식민주의의 발판이었기 때문에, 뮈르달은 탈식민주의 시대의 자립주의와 UN 등 국제기관의 평등주의적 정책들을 활용하여 부유국과 빈곤국들 사이의 극단적인 빈부격차를 해결할 수 있을지도 모른다는 희망을 가졌다. 그러나 그는 엄청난 속도로 세계화되고 있는 국제 경제의 시장력이 국가 간의 불균형을 증대하고 강화할지도 모른다는 입장을 고수했다.

자유무역과 세계화가 부유한 국가를 더욱 부유하게, 가난한 국가를 더욱 가난하게 만들 것이라는 뮈르달의 예언이 실현되었는가? 아니면 세계화는 경제자원을 보다 평등하게 분배함으로써 이 세계를 더욱 '평평하게' 만들었는가? 이 질문이야말로 근래에 세계화를 둘러싸고 열렬하게 진행되고 있는 논쟁의 핵심이라 할 것이다. 그리고 그 대답은 이 질문을 던지는 방식과 그것에 답하기 위해 우리가 어떤 방법론을 사용하느냐에 달려 있다.[5]

이 질문이 얼마나 복잡한 것인지 실감하려면 UN 개발프로그램의 인간개발보고서에서 발췌한 다음의 표를 살펴보라. 이 표는 1975년부터 2000년까지 전 세계 일곱 개 지역의 국내총생산(GDP) 추이를 비교한 것이다. 과연 이 데이터는 국제사회의 소득분배에 마태 효과가 존재한다는 사실을 증명하는가 아니면 부인하는가? 앞으로 알게 되겠지만, 증거는 매우 모호하다.

각 지역의 일인당 GDP 변화를 살펴보면 중국이 포함된 동아시아 지역은 이 기간에 350퍼센트라는 눈에 띄는 성장세를 보였다.

세계 소득격차 1975-2000
1인당 국민총생산(2000 구매력 평가지수, 단위: 1000 미국 달러)

|  | 1인당 GDP | | | 백분율 변화 |
|---|---|---|---|---|
|  | 1975 | 1990 | 2000 | 1975-2000 |
| 동아시아 | 1.0 | 2.2 | 4.5 | +350 |
| 남아시아 | 1.4 | 1.8 | 2.4 | +71 |
| 사하라 사막 이남 아프리카 | 2.4 | 2.1 | 2.0 | −17 |
| 아랍연맹 | 3.2 | 4.0 | 4.5 | +41 |
| 라틴 아메리카와 카리브해 | 5.8 | 6.2 | 7.3 | +26 |
| 중유럽, 동유럽, 독립국가연합 | n.a. | 9.3 | 6.9 | −26* |
| 고소득 OECD 국가들 | 16.0 | 23.3 | 27.8 | +74 |
| 전 세계 | 5.2 | 6.8 | 8.0 | +54 |

참고: *1990-2000만 계산. n.a.=데이터 없음. 경제협력개발기구

출처: 이 수치들은 세계은행 데이터(2002)에 기초한 UN 개발 프로그램(2002:19)에서 발췌한 것이다. UN 보고서가 이용한 개념과 방법론(개인이 아니라 국가를 분석하는 등)에 대한 비판은 포스트렐(Postrel 2002)을 참고하라.

OECD 고소득 국가들—서유럽과 미국, 캐나다, 일본, 호주와 뉴질랜드—과 남아시아(대체로 인도) 역시 각각 74퍼센트와 71퍼센트의 고성장을 기록했다. 라틴 아메리카와 아랍국들은 성장이 조금 더딘 편이고 사하라 이남 아프리카는 같은 기간에 마이너스 성장(마이너스 17퍼센트)을 기록했으며 중앙 유럽과 러시아 연방이 포함된 동유럽은 1990년 이후 26퍼센트 하락했다.[6]

이 데이터는 마태 효과의 존재를 뒷받침하는 것인가 그러지 못하는 것인가? 부유한 국가들은 더욱 부유해지고 가난한 국가들은 더욱 가난해지는가? 일인당 GDP만으로는 혼란스러운 결과가 도출될 뿐이다. OECD 국가들도 상당한 성장률을 보이고 있지만 동아시아 국가들은 그를 능가함으로써 가난한 경제도 부자 경제가 부유해지는 것보다 더욱 빠른 속도로 부유해질 수 있음을 보여주고 있다. 만약 이런 추세가 앞으로 수십 년 동안 지속된다면 결국에는 동아시아 국가들이 OECD 국가들을 따라잡게 될 것이다. 1990년대에 경제개혁을 이룬 인도의 성장률 또한 OECD 국가들을 압도한다. 따라서 이 같은 경우에는 마태 효과와 일치하지 않는다. 그러나 남아시아(인도 제외)와 아랍 국가들은 플러스 성장을 하고 있지만 OECD 국가들보다 그 속도가 더디기 때문에 상대적 마태 효과가 나타나고 있다. 즉 부자들이 더욱 부유해지는 동안 가난한 이들 역시 비록 더딘 속도긴 하지만 함께 부유해지고 있는 것이다. 마지막으로 중앙 유럽과 동유럽, 그리고 그보다 더욱 비참한 사하라 이남의 아프리카를 보라. 마이너스 성장을 하는 이들 국가들은 시간이 지날수록 OECD 국가들에 뒤처지게 된다. 상대적인 면에서뿐만 아니라 절대적인 면에서도 그렇다. 고소득 국가들이 상대적으로, 그리고 절대적으로 더욱 부유해지는 동안 저소득 국가들(아프리카)과 중소득 국가들(중앙아시아와 동유럽)은 상대적으로 또는 절대적으로 가난해지고 있는 것이다.

　마태 효과는 성장률뿐만 아니라 구매력 평가지수(PPP)와 같은 절대적인 경제력을 비교할 때 더욱 확연하게 드러난다. 이 표에서 1975년부터 2000년 사이 가장 부유한 국가들의 평균 GDP는 일인당 1만 1800달러 증가한 반면, 동아시아는 3500달러, 라틴 아메리카는 1500달러, 아랍연맹은 1300달러, 남아시아는 1000달러 증가했다. 이 데이터에 의하면 동유럽은 소비에트 연방이 무너지면서 일인당 GDP가 2400달러나 감소했고, 가장 빈곤한 사하라 이남의 아프리카의 경우에는 1975년부터 2000년 사이에 400달러가 감소했다. 따라서 세계에서 가장 부유한 국가(미국 포함)와 가장 빈곤한 국가(사하라 이남 아프리카)를 비교할 경우, 우리는 두 집단의 격차가 상대적인 기준으로든 절대적인 기준으로든 극적으로 증가했음을 알 수 있다.

　이처럼 부유국과 빈곤국의 빈부격차가 심화된 데 대해 일차적 원인이 세계화에 있는지 없는지는 분명하지 않다. 최근에 가장 인상적으로 경제발전을 이룬 국가들(예: 중국과 인도)은 세계시장에서 크게 활약하고 있지만 가장 뒤처진 국가들(예: 아프리카 국가들)은 세계 경제에서 가장 고립된 곳이다.

　그러나 세계 경제와의 통합이 번영을 약속하는 것은 아니다. 심지어 토머스 프리드먼처럼 열렬한 세계화의 주창자들마저도 다윈주의에서 살아남는 데 필요한 자원이 부족한 국가들에게는 경제적 경쟁의 세계화가 오히려 참혹한 결과를 안겨줄 수 있다고 인정하고 있다. 프리드먼은 급격히 치열해지고 있는 세계적 경제경쟁에 대해 사탕발림을 늘어놓지 않는다. 경기장을 평평하게 고르면 분명 특정한 승자들이 배출되고(중국과 인도의 중산층 증가) 최상층에 위치한 소수는 막대한 부를 창출하게 되겠지만, 반대로 다른 이들은 힘없이 뒤처져 개인과 국가 간의 빈부격차는 그 어느 때보다도 더욱 심화될 것이다.

이 새로운 사회적 다원주의 세상에서 승리는 환경에 재빨리 적응하는 이들의 몫이다. 프리드먼은 사자와 가젤을 예로 든다. 두 동물은 모두 밤에 잠이 들 때마다 둘 중 하나가 이기거나 목숨을 잃을 것임을 알고 있다. 이들은 다음날 "태양이 떠오르면 달려야 한다"라는 것을 안다. 프리드먼은 경제적 생존경쟁도 이와 마찬가지이며, 모든 이들이 경주에서 살아남는 것은 아니라고 경고한다. 프리드먼은 어떤 국가들은 '사자'지만 어떤 국가들은 '거북이'나 '상처 입은 가젤'이라고 말한다. 그리고 그는 이 잔인한 경쟁에서 패배한 이들, 오늘날에 나타나는 세계화의 형태가 바람직하며 필연적이라는 사실을 이해하지 못하는 이들이 몰고 올 역풍을 우려한다.

평범한 사람들이라면 국가나 지역 간의 격차가 심화되고 있다는 사실을 곧 세계적으로 불균형이 심화되고 있다는 증거로 받아들일 것이다. 그러나 그것이 경제학자들이 말하는 불균형과는 다르다는 사실을 알면 많은 독자들이 놀랄 것이다. 여기 세계적으로 경제적 불균형이 심화하는 데 대해 수많은 연구결과가 서로 상반되는 결과를 보여주는 이유를 말해주는 핵심 열쇠가 있다. 어째서 인간개발보고서는 불평등이 심화되고 있다고 판단하는 반면(위의 표에서 볼 수 있듯) 다른 연구들은 일반적인 인식과 달리 세계의 소득 불균형이 실질적으로 완화되고 있다고 주장하는가?

이 의문은 평범한 이들이 말하는 불평등과 경제학자들이 말하는 불평등의 의미가 다르다는 사실을 알게 되면 어느 정도 해소된다. 일반인들은 최상류층이 더욱 부자가 되고 최하위층이 더욱 가난해진다면 두 집단의 빈부격차가 증가하고 따라서 불평등이 심화된다고 생각한다. 그러나 경제학자들은 부 또는 소득의 균등한 분배를 수학적으로 인식하고 있다. 그들은 경제 스펙트럼의 양 극단에서 발생하는 일들뿐만 아니라 그 중간계층에서 발생하는 일들까지도 고려한다. 설사 가장 부유한 이들은 더욱 부유해지고 가장 가난한 이들은 더욱 가난해지고 있다고 해도 만약 그 사이에 위치한 중간 집단이 충분한 경제적 발전을 이룩하고 있다면 경제적 불균형을 판단하는 경제학자의 척도는(예: 로렌즈 곡선과 거기서 파생된 지니계수) 불평등의 완화를 가리키게 된다. 지니계수와 같은 지수들은 전반적인 추세를 하나의 숫자로 뭉뚱그리는데(예: 완벽한 평등은 0, 완벽한 불평등은 1), 만약 이 수치가 시간이 지남에 따라 감소한다면 설령 가장 부유한 국가들이 절대적으로 부유해지고 빈곤한 국가들이 절대적으로 빈곤해진다고 해도 전반적으로는 불균형이 완화되고 있는 것이다.

따라서 세계에서 가장 부유한 국가들이 계속해서 번성하고 가장 가난한 국가들(특히 아프리카 국가들)이 절대적으로 빈곤해지고 있는 동안에도 아시아 경제가 빠른 속도로 산업화되고 있다면 전 세계 경제의 평등도는 상승하고 있다는 결론을 내릴 수 있다. 그러므로 인간개발보고서처럼 개인이 아니라 국가들의 경제력과 구매력을 비교분석하면서 인구 규모나 통화 가치를 고려하지 않은 국제 연구조사는 흔히 국가 간의 경제적 불균형이 증가하고 있다고 가리키고 있지만, 그러한 가중치를 적용한 연구들은 지니계수와 그와 비슷한 지수들이 감소했음을 보여준다.

문제는 미디어가 이러한 연구조사 결과를 선택해 빈부격차가 감소하고 있다는 보도를 내보낼 때다. 대중은 그런 헤드라인을 최빈곤층이 성장하고 있다는 의미로 잘못 해석하고 따라서 더 이상 빈부격차에 대해 우려할 필요가 없다고 인식할 수 있다. 지니계수를 비롯한 다른 척도들의 의미를 부인하는 것이 아니다. 그저 파이어보그가 지적했듯이, "경제적 불균형에 관한 (경제학자들의) 인식과, 불균형이 심화되고 있다는 일반적인 견해를 결합"할 수 있는 "격차 불균형(gap inequality)이라는 대안적 개념을 모색"할 필요가 있다고 생각할 뿐이다(밑줄은 파이어보그가 직접 강조).

국가 간의 빈부격차가 신흥 아시아 국가들의 산업화에 힘입어 감소하고 있다는 파이어보그의 주장은 국가 간의 빈부격차가 세계 자본주의 시장의 힘에 의해 증가할 것이라고 내다본 뮈르달이나 다른 종속이론가들의 주장과는 일치하지 않는 듯 보인다. 그러나 서로 상반되는 것처럼 보이는 이 두 개의 관점을 통합할 방법이 있을지도 모른다. 앞에서 지적했듯이 이들의 견해가 서로 상반되는 이유는 불균형에 대한 인식 자체가 다르기 때문이다. 파이어보그는 지니계수 및 그와 유사한 척도를 이용해 세계의 중간소득 계층, 특히 거대한 아시아 경제에 초점을 맞추고 있지만 종속주의 이론가들은 세계 경제의 양 극단에 위치한 국가들과 점차 심화되고 있는 그들의 빈부격차에 집중한다.

파이어보그는 경제적 격차가 커지고 있음을 인식하고 있지만 별반 신경 쓰지 않는다. 그에게 그런 수치는 성장 과정에서 필연적으로 발생할 수밖에 없는 수학적 결과에 불과하다. 파이어보그의 입장은 대체로 신고전주의 경제수렴 이론과 일치한다. 이 이론은 국제무역의 증가가 시장통합 개발도상국의 소득성장과 국제적 경제 불균형의 완화로 이어질 것이라고 예측하는데, 이러한 관점은 부자들의 우위가 가난한 이들의 희생을 토대로 이루어진 것이라는 견해를 부정한다. 예를 들어 그들의 관점에서 볼 때 사하라 이남에 있는 아프리카 국가들은 자본주의적 착취 때문에 빈곤해지는 것이 아니며 오히려 세계 경제에 통합되면 지금보다 훨씬 큰 성장을 이룰 수 있다. 한편 부유국의 성장에 대해서는 경제수렴 이론가들 사이에서도 의견이 분분하다. 어떤 이들은 수익체감의 원칙에 따라 발전 속도가 점차 더뎌질 것이라고 믿지만, 다른 이들은 과거 정보기술 혁명이 그랬던 것처럼 새로운 연구개발이 더욱 광활한 경제적 지평선을 열어줄 것이라는 긍정적인 태도를 취하고 있다. 후자에게 경제체제란 빈곤이라는 하한선은 존재하되 천장은 존재하지 않는 무한히 발전할 수 있는 세계다. 많은 인구통계학자들과 사회생태학자들이 성장에는 한계치가 존재한다고 보는 것과 달리 이러한 경제학파와 기술낙관주의자들은 무한한 발전 가능성을 본다.

　이와는 대조적으로 세계화를 비판하는 이들은 국제 무역이 모든 배를 밀어올려줄 것이라고 생각하지 않는다. 그들은 빈곤 국가가 직면하고 있는 외채위기를 예로 드는데, 부유국의 정부와 은행들은 최근에 들어서야 이들을 약간 공정하게 대하기 시작했다. 라틴 아메리카 의회(Latin American Parliament)의 빈부격차 정상회의 보고서에 따르면 라틴 아메리카의 모든 아동들은 출생할 때 이미 1550달러의 외채를 지고 태어난다고 보고했다. 이는 한 가구의 연간소득을 능가하는 액수다. 2001년 즈음 라틴 아메리카 정부들은 연간

GDP의 36퍼센트에 달하는 7500억 달러의 외채를 지고 있으며, 따라서 라틴 아메리카에 대한 미국의 경제적 지배는 더욱 공고해지고 있다. 원금을 지불할 능력이 없는 채무국들은 계속해서 차관이자를 지불하는 악순환에 갇혀 있기 때문에 빈곤타파를 도와줄 의료보건이나 교육, 경제 발전에 투자할 만한 공공자원을 축적할 수가 없다.

외채 문제를 더욱 복잡하게 만드는 것은 바로 자본 도피다. 이는 개발도상국의 상류계급이 자국보다 더욱 안정적인 선진국 경제에 자신들의 자산을 투자할 때 발생하는데, 그 결과 자국 경제가 필요로 하는 자원이 고갈되는 결과를 낳는다. 지니계수와 로렌즈 곡선으로 평가할 때 브라질이나 멕시코 등 라틴 아메리카 국가들의 빈부격차는 전 세계에서도 가장 심각한 수준이다. 상류층은 매우 호화로운 삶을 누리고 있지만, 1000명 중 50명의 라틴아메리카 아동들은 여섯 살 생일을 맞기도 전에 목숨을 잃는다. 라틴 아메리카와 아프리카 국가들이 지고 있는 외채부담은 미래에 대한 희망을 납덩이처럼 무겁게 짓누르고 있다.

오늘날 국가 간의 빈부격차가 심화되고 있는지에 대한 판단 여부는 경제적 불균형에 대한 우리의 정의와 방법론에 달려 있다. 그러나 가장 부유한 국가들과 가장 빈곤한 국가들 간의 절대적 격차가 빠른 속도로 커지고 있다는 데 대해서는 누구도 반론의 여지가 없을 것이다. 한편 지니계수와 그와 유사한 척도에 따르면 양쪽 극단의 중간에 존재하는 국가들(중국과 인도, 옛 소련과 미국을 포함해)에서도 뮈르달이 예측한 것처럼 경제적 불평등이 심화되고 있다.[7] 각 국가들 사이에서뿐만 아니라 한 국가 내에서도 마찬가지다. 부자와 빈자의 격차는 나날이 증가하고 있고, 심지어 신속한 경제발전이 이루어지고 있는 중국의 발전 중심지와 그 주변 지역에서도 마찬가지다. 혹자들은 경제성장이 부자들뿐만 아니라 가난한 자들에게도 혜택을 주는 한 빈부격차에 대해 그리 우려할 필요가 없다고 주장하지만 부자들의 절대적 이익은 가난한 자들이 얻는 이득을 크게 능가한다. 더구나 아프리카와 같은 극빈지역은 절대적인 빈곤을 겪고 있기 때문에 그들과 다른 계층 간의 격차는 계속해서 벌어지고 있다.

주

### 제1장 마태 효과란 무엇인가

1 문제의 마태복음(13:12) 구절은 킹 제임스 성경에서 딴 것으로, 머튼은 이 우아하고 적절한 표현에 감탄한다. 신개역표준성서(NRSV)의 해당 구절은 다음과 같다. "For to those who have, more will be given, and they will have an abundance; but from those who have nothing, even what they have will be taken away."

2 계층이론주의자들과 매클리랜드(McClelland, 1961)를 비롯한 전자(前者) 진영에서는 국가 간의 빈부격차에 대해 주로 국민들의 성취동기가 다르다는 점을 들었다. 또한 데이비스와 무어(1945)는 불평등 현상이 발생하는 원인에 대해 사회에서 가장 중요한 위치를 메울 유능한 인력이 희소하기 때문이라고 주장했다. 반면 후자 진영은 대부분 마르크스를 위시하여 지배계층이나 지배집단에 의한 하위계층 또는 하위집단의 착취와 종속화에서 불평등의 원인을 찾는 갈등이론주의자들이다. 지배계급이 그들이 가진 자원을 이용해 더 많은 자원을 축적한다는 사실을 알아차린 순간, 갈등이론주의자들은 마태 효과의 작동 원리를 깨달은 셈이다. 터너(Turner 1984:73)는 갈등이론과 진화이론의 요소들을 종합 정리한 렌스키(Lenski 1996)의 계층화이론에 대해, 일단 권력을 다진 지배집단은 그것을 이용하여 다시 권력을 강화한다고 설명했다. 마르크스 이론주의자들은 더 많은 자본을 얻기 위해 자본을 축적하는 행위가 자본주의 체제의 특성이라고 강조한다. 이를 볼 때 권력과 부는 자가증식적인 피드백 고리를 형성하는 것으로 보인다.

3 명칭에서 알 수 있듯이 마태 효과는 매우 오래된 개념이다. 머튼은 이 개념에 대해 두 번이나 되풀이해 설명하고 있는 복음서 저자의 이름을 따 마태 효과라 이름 붙였

다(13:12에서 처음 등장, 25:29에 재차 등장한다). 또한 후에 마가복음 4:25과 누가복음 8:18, 19:26에서도 비슷한 구절이 발견된다고 밝혔다(Merton 1988:609n). 이 구절의 기원에 대해서는 신학자 마리누스 드 종(Marinus de Jonge)이 언급한 바 있다. 마리누스 드 종은 "(예수가) 유대교(그리고/또는 그리스 문화권)에서 흔히 사용되던 경구를 인용했을 가능성이 크다"라고 지적했다. 예를 들어 잠언 9:9, 다니엘서 2:21과 마르티알리스의 에피그램(Epigram) V 81, "Semper Pauper eris, si pauper es, Aeniliane. Dantur opes nullis (nunc) nisi divitibus(가난한 자는 늘 가난할 것이오, 아이밀리아누스. 요즘 세상에 부는 부자들에게만 주어지는 것이지)"를 보라 (Merton 1988:609n). 비록 마태 효과라는 용어를 사용하지는 않았지만 1942년에 머튼은 사회과학 분야에서 "각각의 계층에 (능력의 차이와는 상관없는) 차별화된 우위(1973[1942]:273)"에 관해 설명할 때 처음으로 이 개념을 사용한 바 있다.

4 이 구절은 두 가지 비유적 맥락에서 등장한다. 마태복음 13장, 마가복음 4장, 그리고 누가복음 8장에서는 씨 뿌리는 자의 우화가 인용되는데, 비옥한 땅에 뿌린 씨앗은 수확이 풍성하다는 이야기다. 마태복음 25장과 누가복음 19장에서는 달란트에 빗대 설명한다. '주어진 것을 최대한 이용하라.' 후자의 경우 겉으로 보기에는 순전히 경제적인 이야기로 보이지만 이를 이용해 극단적인 빈부격차를 정당화하려는 사람들은 부와 가난에 대한 예수의 다른 수많은 가르침과 이 내용을 일치시키려면 상당히 골치를 썩여야 할 것이다.

5 피드백 고리가 인간 사회와 자연에서 얼마나 중요한 역할을 하는지 깨닫게 되면서 그에 대한 대중의 인식 또한 차츰 증가할 것이다. 예를 들어 기후 변화의 역할을 이해하는 데 있어 피드백 고리에 대한 지식은 필수적이다(Homer-Dixon 2007).

6 머튼(1968b:105)은 "주어진 시스템에 순응 또는 조정하는 데 도움이 되는 관찰된 결과"라고 정의했다. 나는 이를 살짝 변형하여 '순응 또는 조정'을 '지속 가능성'으로 대체했다. 왜냐하면 '지속 가능성'이라는 용어는 머튼의 원래 아이디어를 왜곡하지 않고도 (바라건대) 에너지와 환경, 전쟁 같은 동시대의 가장 중요하고 심각한 문제들과 기능주의적 관점을 연관시키기 때문이다.

7 열위의 악순환은 우위의 감소가 심화되는 것이 아니라 약화한다는 점을 제외하면 비슷한 방식으로 작용한다.

**제2장 과학 및 기술 분야의 마태 효과**

1 마태 효과는 머튼이 발전시킨 수많은 중요한 사회이론 중 하나에 불과하다. 그의 광대한 지적 유산에 관해 더욱 자세히 알고 싶다면 클라크, 모질, 그리고 모질(Clark Modgil, and Modgil 1990)과 크로더스(Crothers 1987)를 읽어보라. 이 기간에 경제학자 군나르 뮈르달(3장에서 논의함)을 비롯한 다른 학자들도 비슷한 견해를 내놓은 바 있다. 뮈르달은 '순환적 인과관계'라는 개념을 발전시켰는데, 이에 대해 과학역사가 데렉 드 솔라 프라이스(Dreck J. de Solla Price 1965:511)는 "논문은 다른 곳에 인용될수록 점점 더 자주 인용된다"라고 표현한 바 있다.

2 머튼은 마태 효과가 지속되는 이유에 대해 그것이 과학 분야에 부분적으로나마 긍정적인 결과를 창출해주기 때문이라고 생각했다. 그러나 골드스톤(Goldstone 1979)은 그런 효과가 나타나려면 기능주의적 이론에 의존하지 않고 오직 개인적 행동이라는 관점에서만 설명해야 한다며 머튼의 기능주의적 해석에 반박했다. 대니퍼(2003)는 머튼이 과학 분야에서 마태 효과의 기능적 역할에 대해 모순적인 견해를 갖고 있었다고 평가한다. 기능주의자인 머튼은 마태 효과가 비범한 과학자들의 업적을 강조하고 따라서 의사소통 체제의 효율성을 높여주지만, 그와 동시에 명성이 덜한 과학자들의 공헌을 부당하게 무시하거나 간과함으로써 의도치 않게 인재들의 재능을 억압하고 적대감을 낳는 역기능을 발휘한다는 사실을 인정했다.

3 조너선 콜과 스티븐 콜이 사용한 방법은 과학 분야에서 마태 효과의 위력을 과소평가할 수 있다. 저자들은 저명한 과학자들과 그렇지 않은 과학자들의 논문이 인용된 횟수를 측정하여 논문의 수준을 비교했다. 그러나 저자들 스스로 인정했듯이 (1973:199) 명성이 덜한 과학자들의 논문은 평가 절하되거나 간과되기 쉽다. 그런 경우 이들의 방법론은 명성이 덜한 과학자들의 업적을 저명한 과학자들에 비해 과소평가하게 된다. 그러므로 마태 효과의 위력을 측정하는 이들의 방법론은 아이러니하게도 마태 효과 그 자체에 의해 왜곡될 수 있다.

4 머튼(1995b)과 스미스(1999)는 보통 미래의 남편인 W. I. 토머스의 업적이라 여겨지는 토머스 정리에 대해 도로시 스웨인 토머스(Dorothy Swaine Thomas)가 충분한 공로를 인정받았는지에 관해 논의한 바 있다. 머튼(199b:395)은 도로시 스웨인 토머스가 유명하지 않은 공동저자였기 때문에 의도치 않게 성차별이라는 복잡한

요소가 가미된 마태 효과의 희생자가 되었을 것이라 평한다.

5 화학 분야에서 '자체촉매'란 최초의 화학반응이 반응을 계속 유지하기 위해 필요한 촉매를 스스로 발생시키는 과정을 가리킨다.

## 제3장 경제 분야의 마태 효과

1 자본주의 경제는 주로 물질적인 부를 쌓기 위한 개인의 충동에 의해 지탱된다. 머튼은 과학의 경우 물질적 보상보다 상징적인 보상에 더욱 큰 자극을 받는다고 주장했다(1968a;1988:219-23). 과학자들은 지식의 획득이라는 내적 욕망뿐만 아니라 동료들에게 인정받고자 하는 외적 욕망에 따라 "인정받고 …… 명성을 쌓고자" 하는 동기를 부여받는다. 이러한 외부의 인정과 명성은 자기 자신을 위해 생산품(과학적 지식)을 축적하는 것이 아니라 자신의 발견을 과감하게 과학계에 널리 알림으로써 성취되는 것이다. 머튼은 지식 경제는 결코 희소성의 경제가 아니라고 말한다. "왜냐하면 축적된 지식은 과다하게 사용한다고 해서 줄거나 소멸하지 않기 때문이다. …… 실제로 지식은 늘어난다(1988:620)." 과학이라는 기여경제에서는 많은 것을 줄수록 받는 것도 늘게 되며, 그 과정에서 과학지식이라는 자산은 계속해서 보급되고 또 증대된다. 미래의 정보경제는 이런 과학의 기여경제와 흡사한 모습을 띠게 될 것이다. 비록 결국 과학도 비즈니스화되어 개인적 이득을 궁극적 목표로 삼게 될 테지만.

2 원래는 100만 달러가 아니었다. 에너지 갑부인 분 피켄스(T. Boone Pickens)의 자서전 제목은 《처음 10억 달러를 벌기가 제일 어렵다(*The First Billion is the Hardest*)》였다.

3 머튼의 마태 효과와 뮈르달의 순환적 인과관계 사이에는 놀랍도록 유사한 공통점이 존재하지만 동시에 중요한 차이점이 있다. 스승인 탤콧 파슨스(Talcott Parsons 1951)의 구조기능주의 이론에서 큰 영향을 받은 머튼은 사회의 균형을 무너뜨리는 역기능의 존재를 알면서도 사회체제가 안정적인 평형 상태를 향해 움직인다고 믿었다(Merton 1968b). 그와 반대로 뮈르달은 어떤 형태든 모든 자연적인 평형상태에 의문을 품었다(1959:9ff). 그는 심지어 공급과 수요의 균형을 통해 가격이 결정된다

는 신고전주의 경제이론에도 의문을 제기했다. 그는 안정적인 상태가 발생할 수는 있지만 오직 관련 요인들이 우연히 균형을 이룰 때만 가능하며, 그중 하나라도 강화되거나 약화되면 변화가 일어나 예전과 같거나 새로운 평형상태로 돌아갈 '욕구'를 갖지 않게 된다고 주장했다. 역동성과 불안정성(질서와 안정이 아닌)은 경제를 비롯해 다른 사회체제 안에서 발견할 수 있는 자연스러운 법칙이다. 또 다른 차이점은 머튼의 마태 효과는 불평등을 심화하는 반면, 뮈르달의 순환적 인과는 대개는 불평등을 심화하나 특정 조건에서는 그것을 완화할 수도 있다는 것이다. 가령 흑인들의 삶의 질과 백인들의 포용력이 서로 상호작용하는 인종 관계를 생각해보라. 뮈르달은 특별히 전문용어를 사용하지는 않았지만, 이것은 확실히 일종의 선순환이다.

4 순환적 인과는 소위 긍정적 사고를 주장하는 이론들의 핵심 개념이다. 캔터(2004)는 이론을 중심으로 심리학 및 사회학적인 측면에서 스포츠와 비즈니스에서 나타나는 성공과 패배를 분석했는데, 그녀는 자신감이 행동을 강화하며 그렇게 강화된 행동은 다시 성공으로 이어져 '성공의 순환법칙'을 만들어낸다고 주장했다. 예를 들어 스포츠에서 열성적인 팬과 긍정적 여론 같은 사회적 지지는 성공 가능성을 더욱 든든하게 다져준다. 한편 실패의 역학은 성공을 성취하는 과정을 거꾸로 되돌린 것과 같은 '파멸의 순환법칙'과 '절망적 하강나선'을 형성한다. 캔터는 "체제는 관성을 지니고 있어서" 성공의 파도와 패배의 역류를 동시에 몰아치게 한다고 말한다. 캔터가 볼 때 스포츠는 기업 간의 경쟁과 하등 다를 바가 없으며 성공과 패배 역시 손쉽게 찾아볼 수 있는 순환법칙을 따른다.

5 불균형의 척도와 세계의 자원분배 추세에 관해 보다 자세히 알고 싶다면 '부록'을 참고하라.

**제4장 정치와 공공정책 분야의 마태 효과**

1 엄밀히 볼 때 경제적 우위는 정치적 우위와 별개지만, 이런 요인들이 긴밀한 관계를 맺고 있고 상호보완적으로 작용한다는 사실은 부인할 수 없다. 계급과 지위, 소속집단에 관한 막스 베버(1946[1922])의 소논문은 이와 관련된 논의를 다룬 고전적인 글이다.

**제5장 교육과 문화 분야의 마태 효과**

1 권말 참고자료에 기재한 전자 저널을 참조하라. 인용된 문장은 기사의 가장 첫머리에 등장한다.

2 수많은 저자들이 '사회자본'이라는 용어를 서로 다른 의미로 사용했다(예: Coleman 1990; Fukuyama 1996; Putnam 2000). 부르디외의 경우에는 이 용어를 사회적 행위자들이 자신의 지위를 유지하고 개선하기 위해 의존하는 네트워크와 지원 체제를 지칭하는 데 사용했다. 이러한 네트워크의 수학적 운용은 마태 효과를 초래하는 경향이 있는 듯하다. 네트워크의 규모가 크면 클수록(접합점과 링크의 수가 많으면 많을수록) 더 많은 접합점이 새로운 접합점과 연결될 수 있고, 따라서 다른 모든 조건이 동일할 경우 규모가 큰 네트워크가 규모가 작은 네트워크보다 더욱 빨리 접속점의 양을 증가시키게 된다. 말하자면 작은 눈덩이와 커다란 눈덩이가 똑같이 눈 덮인 언덕길을 똑같은 속도로 굴러갈 때 같은 시간에 커다란 눈덩이 쪽이 훨씬 많은 눈을 뭉쳐 더욱 비대해지는 것과 같은 이치다.

**제6장 의의와 결론**

1 우리는 '마태 효과'라는 용어가 전혀 아무 관계도 없는 듯한 천문학 분야에조차 (실질적으로는 아니더라도 최소한 비유적으로) 사용된다는 사실을 발견했다. 행성의 탄생에 대한 존스(Jones 2007:66)의 설명을 보라. 우주 속의 입자가 서로 충돌하여 결합하면 미행성(微行星)체가 형성되는데, 작은 미행성체는 중력에 의해 자신보다 더 큰 미행성체에게 끌리고 결과적으로 점차 크기가 불어나 새로운 행성이 탄생한다. 존스는 이 과정을 마태 효과로 설명했다.

2 민주주의적 공공정책은 적어도 이론적으로는 우리의 핵심 가치를 반영한다. 앞에서 우리는 미국의 이념들이 핵심 가치를 둘러싸고 첨예하게 대립하고 있으며, 더구나 하나도 아니고 세 개의 이념들이 서로 다투고 있다고 이야기했다(Rigney 2001:94-100). 첫 번째 전통적 보수주의는 매우 오래된 이념으로 그 어떤 가치보다도 사회질서와 계급적 권위, 그리고 전통을 중요시한다. 법질서와 애국심, 가부장주의를 핵심으로 삼는 종교 및 군사적 보수주의는 이러한 가치체제를 대표한다. 두 번

째로 고전 자유주의 또는 19세기 자유주의로 알려진 자유주의는(현대 자유주의와 혼동해서는 안 된다) 미국 이념 역사에서 매우 커다란 축을 형성하고 있는데, 개인의 자유와 책임에 대해 보다 현대적인 가치관을 지니고 있다. 자유주의는 역사적으로 자본주의의 탄생과 맞물려 있으며 국가정부의 개입을 최대한 배제한 자유시장의 수호를 원칙으로 한다. 마지막으로 사회민주주의, 또는 현대 자유주의는 미국의 이념적 장(場)을 구성하는 세 번째 주요 축으로, 그 핵심 가치는 보다 동등한 정치적, 경제적 평등을 이룩하는 것이다. 현대 자유주의의 근간을 이루는 것은 노동운동과 노예제 폐지와 시민권 확대를 옹호하던 자유주의 기독교, 그리고 약자들에 대한 사회적 권력 부여를 목표로 삼는 민주화운동이다. 사회민주주의자들이 절대적인 평등을 추구하는 것은 아니다. 그것은 말 그대로 불가능한 일이기 때문이다. 그들은 그저 현재 미국이나 전 세계에서 발생하고 있는 극단적 불균형이 도덕적으로 용인할 수 없는 수준에 달했다고 생각할 뿐이다.

3 특정 형태의 세대 간 이전은 상속처럼 윗세대에서 아랫세대로 자원을 재분배하는 게 아니라 오히려 아랫세대에서 윗세대로 이전하기도 한다. 베이비붐 세대의 퇴직자들에게 소요되는 막대한 양의 사회보장과 메디케어 비용은 이처럼 역방향으로 진행되는 자원분배의 실례라 할 수 있다(Chisolm 2006).

4 새뮤얼슨(2002a)은 2002년의 경제 회복이 상당 부분 낙수효과 덕분이라고 주장했다.

## 부록: 경제적 불균형의 추이

1 센(1997[1973]:24-46)은 지니계수와 타일지수를 포함해 빈부격차를 측정하는 대안적 방법론의 장점에 관해 체계적인 개괄을 제공한다. 빈부격차의 척도에 관한 보다 자세한 토론에 대해서는 울프(1995/2002:75-88)과 리스캐비지(1999:24-44), 파이어보그(2003:70-84)를 참조하라.

2 카이스터(Keister 2005)의 분석 결과는 미국이 점차 계급화되고 있다는 견해에 반론을 제기하는 듯 보인다. 그녀는 미국 국민들의 생각과는 달리 부의 분배에 있어 미국의 유동성은 1900년대 이후 상대적으로 증가했으며(2005:245), 20세기 후반에

는 부의 획득, 특히 첨단기술 확보에 있어 새로운 기회가 급등했다고 지적한다.

3 코천(Cauchon 2007)은 연방준비이사회 자료를 분석한 결과, "미국의 빈부격차는 계급보다 세대 간에 더욱 극심해지고 있다"라고 결론을 내렸다. "부자들은 대부분 나이가 많다." 그는 "1989년 이후 미국에서 창출된 거의 모든 부는 55세 이상의 인구에게 집중되어 있다"라고 지적했다. 그러나 이러한 결론은 의도적으로 잘못 해석한 것이다. 코천의 분석 결과는 1980년 이후 나이든 백인 인구는 그 어느 때보다도 번영을 누리고 있지만 그와 동시에 55세 이상의 인구 집단 내에서 경제적 격차가 심화되고 있다는 사실을 생략하고 있다(Dannefer 1987; Gist, Figueiredo, and Ng-Baumhackl. 2001). 소수의 부자와 초부자들은 자신들이 속한 연령집단의 평균 자산의 규모를 부풀려 부가 폭넓게 분포되어 있다는 환상을 심어주고, 나이 많은 인구 사이에도 극단적인 계급차가 존재한다는 사실을 은폐한다. 요컨대 평범한 사람들이 가득한 방 안에 억만장자가 한 사람 끼어든다면 방 안에 있는 모든 이들의 평균 소득은 갑자기 백만 단위로 불어날 것이다.

4 종속이론의 비판적인 견해를 보고 싶다면 벨라스코(Velasco 2002)를 참조하라.

5 세계 경제의 빈부격차라는 주제에 관해 유용한 교육적 자료를 원한다면 캘리포니아 대학의 세계 경제불균형 지도(Atlas of Global Inequality 2008)를 찾아보라. 이 문제와 관련해 충실한 친세계화 또는 반세계화적 입장을 대표하는 이념적 자료가 아닌, 서로 다른 다양한 진영의 연구결과와 참고자료를 접함으로써 보다 완벽한 그림을 그릴 수 있게 될 것이다.

6 어떤 이들은 이 데이터의 질과 타당성에 대해 회의적이다. 아슬룬드(Aslund 2001)와 파이어보그(2003:186-87), 포스트렐(2002) 참조.

7 파이어보그는 산업혁명 이전 농업시대에는 하나의 사회에서 일어나는 경제적 불균형이 각 사회들 간의 빈부격차보다 훨씬 심각했다고 말한다. 파이어보그는 이러한 패턴을 '불균형 과정'이라고 불렀다. 이러한 변천 과정 중 한 단계인 19세기 초반에서 20세기 중반 사이, 서구 산업국가들이 다른 세계에 비해 뚜렷하게 발전함에 따라 국가 간의 경제적 불균형이 심화되기 시작했다. 20세기 후반에는 개발도상국, 특히 아시아의 개발도상국들이 급격한 산업화에 돌입하면서 과정의 두 번째 단계에 접어들었

다. 이 두 번째 단계에서 인도와 중국 같은 도상국들이 격차를 줄이며 서구 경제를 따라잡기 시작했다. 그렇다면 한 국가 경제 내의 빈부격차는 어떨까? 첫 번째 단계에서 저임금 농업종사자와 고임금 산업종사자들의 차이가 증가하면서 빈부격차가 증가하기 시작했다(Kuznets 1955; Firebaugh 2003:30, 93-95). 두 번째 단계에서는 선진국들의 국내 빈부격차가 심화되기 시작했는데, 이는 조금 다른 이유에서였다. 이들 국가에서는 산업 부문이 축소되는 한편 서비스 부문은 성장했다. 서비스 산업은 은행가에서 패스트푸드 종업원까지 직업의 분포도가 대단히 광범위하기 때문에 이러한 직업적 불균형은 부유한 국가에서 빈부격차를 키우는 결과를 불러온다. 파이어보그(2003:196-201)는 하나의 요인만으로는 이러한 경향을 설명할 수 없다는 사실을 깨달았다. 국가 간의 빈부격차가 감소하고(지니계수에 따르면) 국내의 빈부격차가 증가하는 최근의 패턴에 영향을 미친 요인들로는 개발도상국의 산업화 부문 성장과 개발선진국의 서비스 부문 성장, 그리고 전 세계에 걸쳐 나타나는 성장 위주의 정부 정책(예: 국제교역과 교육에 있어), 그리고 개발도상국가들이 세계 경제에 통합될 수 있게 도와준 정보 기술의 탄생을 들 수 있다. 공산주의 체제가 무너지고 빈곤국들이 인구통제에 성공하게 되면서, 파이어보그는 세계 경제의 세계화가 대다수의 세계 시민들에게 이득을 줄 것이라 낙관하고 있다.

## 참고문헌

Allison, Paul D., J. Scott Long, and Tad Krauze. 1982. "Cumulative Advantage and Inequality in Science." *American Sociological Review* 47 (October): 615-625.

Allison, Paul D. and John A. Stewart. 1974. "Productivity Differences among Scientists: Evidence for Accumulative Advantage." *American Sociological Review* 39 (August): 596-606.

Alonso, William and Paul Starr, eds. 1987. *The Politics of Numbers*. New York: Russell Sage.

American Federation of Labor and Congress of Industrial Organizations (AFL-CIO). 2008. *2008 Executive PayWatch*. Available online at http://www.aflcio.org/corporatewatch/paywatch/ (accessed July 12, 2008).

Andre, Claire and Manuel Velasquez. 1990. "The Just World Theory." *Issues in Ethics 3* (2). Available online at http://www.scu.edu/ethics/publications/iie/v3n2/justworld.html (accessed July 31, 2008).

Aristotle. 1987 [~340 BCE]. *Politics*. In A New Aristotle Reader. ed. J.L. Ackrill, 507-556. Princeton, NJ: Princeton University Press.

Arthur, W. Brian. 1990. "Positive Feedback in the Economy." *Scientific American* 262 (2): 92-99.

_. 1994. *Increasing Returns and Path Dependence in the Economy*. Ann Arbor: University of Michigan Press.

_. 1996. "Increasing Returns and the New World of Business." *Harvard Business Review* 74 (July/August):101-109.

Aslund, Anders. 2001. *Building Capitalism: The Transformation of the Former Soviet Bloc*. Cambridge: Cambridge University Press.

Autor, David, Lawrence F. Katz, and Melissa S. Kearney. 2008. "Trends in U.S. Wage Inequality: Revising the Revisionists." *Review of Economics and Statistics 90* (May): 300-323.

Awaida, May and John R. Beech. 1995. "Children's Lexical and Sublexical Development while Learning to Read." *Journal of Experimental Education 63* (2): 97-113.

Bahr, Peter R. 2007. "Double Jeopardy: Testing the Effects of Multiple Basic Skill Deficiencies on Successful Remediation." *Research in Higher Education 48* (6): 695-725.

Bai, Matt. 2007. "The Poverty Platform." *New York Times Magazine*, June 10, 66ff.

Banerjee, Abhijit V. and Sendhil Mullainathan. 2008. "Limited Attention and Income Distribution." *American Economic Review* (May): 489-493.

Bartlett, Donald L. and James B. Steele. 2000. *The Great American Tax Dodge*. Boston: Little Brown.

Bast, Janwillem and Pieter Reitsma. 1997. "Matthew Effects in Reading." *Multivariate Behavioral Research* 32: 135-167.

___. 1998. "Analyzing the Development of Individual Differences in Terms of Matthew Effects in Reading." *Developmental Psychology* 34 (6): 1373-1399.

Beeghley, Leonard. 1989. *The Structure of Social Stratification*. Boston: Allyn and Bacon.

Berninger, Virginia W. 1999. "Overcoming the Matthew Effect." *Issues in Education* 5 (1): 45-54.

Bhalla, Surjit S. 2002. *Imagine There's No Country*. Washington, DC: Institute for International Economics.

Bishai, David and Andrew Poon. 2001. *Does the Law of Diminishing Returns Apply to Infant Mortality Decline?* Baltimore, MD: Johns Hopkins University School of Public Health.

Blashfield, R.K., S.B. Guze, J.S. Strauss, M.M. Katz, and R.E. Kendell. 1982. "Invisible Colleges and the Matthew Effect" (Comments). *Schizophrenia Bulletin* 8 (1): 1–6.

Bluestone, Barry, and Bennett Harrison. 1982. *The Deindustrialization of America.* New York: Basic Books.

Bonitz, Manfred. 1997. "the Scientific Talents of Nations." *Libri* 47 (4): 206–213.

_. 2002. "Ranking of Nations and Heightened Competition in Matthew Zone Journals: Two Faces of the Matthew Effect for Countries." *Library Trends* 50 (Winter): 440–460.

_. 2005. "The Matthew Effect for Countries: Its Impact on Information Science." *ISSI Newsletter* 1 (3): 7–10. Available online at http://www.issi-society.info/archives/newsletter03print.pdf (accessed July 31, 2008).

Boshara, Ray. 2003. "The $6,000 Solution." *Atlantic Monthly*, January/February, 91–95.

Bourdieu, Pierre. 1984. *Distinction.* Cambridge, MA: Harvard University Press.

_. 1986. "The Forms of Capital." In *Handbook for Theory and Research for the Sociology of Education,* ed. J.G. Richardson, 241–258. New York: Greenwood.

Bowen, William G., Martin A Kurzweil, and Eugene M. Tobin. 2005. *Equity and Excellence in American Higher Education.* Charlottesville: University of Virginia Press.

Boyer, Ernest L. 1990. *Scholarship Reconsidered: Priorities of the Professoriate.* Princeton, NJ: Carnegie Foundation for the Advancement of Teaching.

Braun, Denny. 1997. *The Rich Get Richer: The Rise of Income Inequality in the United States and the World,* 2nd edition. Chicago: Nelson–Hall Publishers.

Broughton, Walter and Edgar W. Mills, Jr. 1980. "Resource Inequality and Accumulative Advantage: Stratification in the Ministry." *Social Force* 58 (4): 1289–1301.

Buckley, Walter. 1967. *Sociology and Modern Systems Theory.* Englewood Cliffs, NJ: Prentice Hall.

Burstall, Clare. 1978. "The Matthew Effect in the Classroom." *Educational Research* 21 (1): 19–25.

Butcher, Kristin and David Card. 1991. "Immigration and Wages: Evidence from the 1980s." *American Economic Review* 90 (May): 292–296.

Caner, Asena and Edward Wolff. 2004. *Asset Poverty in the United States.* Annandale on Hudson, NY: Levy Economics Institute of Bard College. Available online at http://www.levy.org/pubs/ppb/ppb76.pdf (accessed July 31, 2008).

Cardozo, Fernando Henrique and Enzo Faletto. 1979. *Dependency and Development in Latin America.* Berkeley: University of California Press.

Casey, Rick. 2005. "Lottery Another Soak-the-Poor Endeavor." *San Antonio Express-News*, February 5, 13B.

CASL (Center on Accelerating Student Learning). 2001. "Background." Vanderbilt University, Nashville, TN. Available online at http://kc.vanderbilt.edu/casl/background.html (accessed July 31, 2008).

Cassady, John. 1995. "Who Killed the Middle Class?" *New Yorker*, October 6, 113ff.

Cauchon, Dennis. 2007. "Generation Gap? About $200,000." *USA Today*, May 20), 1ff.

Center for Responsive Politics. 2005. "The Big Picture." Available online at http://www.opensecrets.org (accessed July 12, 2005).

Cervantes, Mario and Dominique Guellec. 2002. "The Brain Drain: Old Myths, New Realities." *OECD Observer* 230 (January). Available online at http://www.oecdobserver.org/news/fullstory.php/aid/673/The_brain_drain: old myths, new realities.html (Accessed August 1, 2008).

Chisolm, Patrick. 2006. "Triumph of the Redistributionist Left." *Christian Science Monitor,* January 23, 25.

Clark, Jon, Celia Modgil, and Sohan Modgil, eds. 1990. *Robert K. Merton: consensus and Controversy.* London: Falmer Press.

Clark, Shirley and Mary Corcoran. 1986. "Perspectives on the Professional Socialization of Women Faculty: A Case of Accumulative Disadvantage?" *Journal of Higher Education* 57 (1): 20–43.

Cloward, Richard A. and Lloyd B. Ohlin. 1960. *Delinquency and Opportunity.* 1960. New York: Free Press.

Cole, Jonathan. 1979. *Fair Science: Women in the Scientific Community.* New York: Free Press.

Cole, Jonathan. R. and Stephen Cole. 1973. *Social Stratification in Science.* Chicago: University of Chicago Press.

Cole, Stephen. 1970. "Professional Standing and the Reception of Scientific Discoveries." *American Journal of Sociology* 76 (2): 286–306. Reprinted in Jonathan R. and Steven Cole, *Social Stratification in Science* (Chicago: University of Chicago Press, 191–215).

Cole, Jonathan and Burton Singer. 1991. "A Theory of Limited Differences: Explaining the Productivity Puzzle in Science." In *The Outer Circle: Women in the Scientific Community,* ed. H. Zuckerman, J.R. Cole, and J.T. Bruer, 277–310. New York: Norton.

Coleman, James S. 1990. *Foundations of Social Theory.* Cambridge, MA: Belknap/Harvard University Press.

Collins, Chuck, Betsy Leondar-Wright, and Holly Sklar. 1999. *Shifting Fortunes: The Perils of the Growing American Wealth Gap.* Boston: United for a Fair Economy.

Cox, Harvey. 1999. "The Market as God." *Atlantic Monthly,* March, 18–23.

Cox, W. Michael and Richard Alm. 1999. *Myths of Rich and Poor*. New York: Basic Books.

Crane, Diana. 1965. "Scientists at Major and Minor Universities." *American Sociological Review* 30 (October): 699–714.

_. 1972. *Invisible Colleges*. Chicago: University of Chicago Press.

Crespi, Barnard J. 2004. "Vicious Circles: Positive Feedback in Major Evolutionary and Ecological Transitions." *Trends in Ecology and Evolution* 19(12): 627–633.

Crothers, Charles. 1987. *Robert K. Merton*. Chichester, W. Sussex: Ellis Horwood.

Cunningham, Anne and keith Stanovich. 1998. "What Reading Does for the Mind." *American Educator* 22 (1): 8–15.

Dannefer, Dale. 1987. "Aging as Intracohort Differentiation: Accentuation, the Matthew Effect, and the Life Course." *Sociological Forum* 2 (2): 211–236.

_. 2003. "Cumulative Advantage/Disadvantage and the Life Course: Cross-Fertilizing Age and Social Science Theory." *Journals of Gerontology Series B: Psychological Sciences and Social Sciences* 58 (6): S327–S337.

Dannefer, Dale and Lynn Gannon. 2005. "The Matthew Effect and Social Processes: Cumulative Advantage/Disadvantage as a 'Law of the Life Course.'" Paper presented at the annual meeting of the American Sociological Association, Philadelphia, August 12.

Davis, Kingsley and Wilbert E. Moore. 1945. "Some Principles of Stratification." *American Sociological Review* 10 (2): 242–249.

Delbanco, Andrew. 2007. "Scandals of Higher Education." *New York Review of Books* 54 (5): 42–46.

Deleeck, Herman, Karel Van den Bosch, and Lieve de Lathouwer, ed. 1992. *Poverty and the Adequacy of Social Security in the EC: A Comparative Analysis*. Brookfield, VT: Avebury.

de Solla Price, Derek J. 1965. "Networks of Scientific Papers." *Science* 149 (3683): 510–515.

Diamond, Jared. 1997. *Guns, Germs, and Steel: The Fates of Human Societies.* New York: Norton.

DiPrete, Thomas A. and Gregory M. Eirich. 2006. "Cumulative Advantage as a Mechanism for Inequality: A Review of Theoretical and Empirical Developments." *Annual Review of Sociology* 32 (1): 271–297.

Douthat, Ross and Reihan Salam. 2005. "The Party of Sam's Club." *Weekly Standard*, November 14, 11.

Durkheim, Emile. 1958 [1895]. *The Rules of Sociological Method.* New York: Free Press.

Dzakpasu, Susie, K.S. Joseph, Michael S. Kramer, and Alexander C. Allen. 2000. "The Matthew Effect: Infant Mortality in Canada and Internationally." Pediatrics 106 (1): e5. Available online at http://www.pediatrics.org/cgi/content/full/106/1/e5 (accessed August 1, 2008).

*Economist.* 2003. "Pigs, Pay and Power." June 28, 7–9.

Ehrenreich, Barbara. 2001. Nickeled and Dimed: On (Not) *Getting By in America.* New York: Metropolitan Books.

Elster, Jon. 1982. "Marxism, Functionalism, and Game Theory: The Case for Methodological Individualism." *Theory and Society* 11 (4): 453–482.

—. 1990. "Merton's Functionalism and the Unintended Consequences of Action." In *Robert K. Merton: Consensus and Controversy*, ed. Jon Clark, Celia Modgil, and Sohan Modgil, 129–135. London and New York: Falmer Press.

Feagin, Joe. 2006. *Systemic Racism: A Theory of Oppression.* New York: Routledge.

Firebaugh, Glenn. 2003. *The New Geography of Global Income Inequality.* Cambridge, MA: Harvard University Press.

Fogg, Piper. 2005. "Harvard President Wonders Aloud about Women in Science and Math." *Chronicle of Higher Education,* January 28, A12.

Fox, Mary Frank. 1981. "Sex, Salary, and Achievement: Reward-Dualism in Academia." *Sociology of Education* 54 (2): 71-84.

_. 1985. "Publication, Performance, and Reward in Science and Scholarship." In *Higher Education: Handbook of Theory and Research,* ed. J. Smart, 255-282. New York: Agathan.

Frank, André Gunder. 1993. *The World System.* London: Routledge.

Frank, Robert H. and Philip J. Cook. 1996. *The Winner-Take-All Society.* New York: Penguin.

Frank, Thomas. 2005. *What's the Matter With Kansas?* New York: Henry Holt.

Freiberger, Paul and Michael Swaine. 2000. *Fire in the Valley: The Making of the Personal Computer,* 2nd edition. New York: McGraw-Hill.

Friedman, Thomas. 2000. *The Lexus and the Olive Tree.* New York: Anchor.

_. 2005. *The World Is Flat.* New York: Farrar, Straus and Giroux.

Fukuyama, Francis. 1995. *Trust: Social Virtues and the Creation of Prosperity.* New York: Free Press.

Gabris, Gerald T. and Kenneth Mitchell. 1988. "The Impact of Merit Raise Scores on Employee Attitudes: The Matthew Effect of Performance Appraisal." *Public Personnel Management* 17 (4): 369-386.

Garfunkel, Joseph M., Martin H. Ulshen, Harvey J. Hamrick, and Edward E. Lawson. 1994. "Effect of Institutional Prestige on Reviewers' Recommendations and Editorial Decisions." *Journal of the American Medical Association* 272 (2): 137-138.

Gates, William H. Sr. and Chuck Collins. 2002. *Wealth and Our Commonwealth: Why America Should Tax Accumulated Fortunes.* boston: Beacon.

Gist, John, Carlos Figueiredo, and Mitja Ng-Baumhackl. 2001. "Beyond 50: A Report to the Nation on Economic Security." AARP Public Policy Institute. Available online at http://www.aarp.org/beyond50 (accessed July 31, 2008).

Gladwell, Malcolm. 2000. *The Tipping Point.* Boston: Little, Brown.

_. 2008. *Outliers: The Story of Success.* New York: Little, Brown.

Gleick, James. 1987. *Chaos: Making a New Science.* New York: Penguin.

Goffman, Erving. 1963. *Stigma.* Englewood Cliffs, NJ: Prentice-Hall.

Goldin, Claudia and Lawrence Kata. 2008. *The Race between Education and Technology.* Cambridge, MA: Harvard University Press.

Goldstone, J.A. 1979. "A Deductive Explanation of the Matthew Effect in Science." *Social Studies of Science* 9 (8): 385–391.

Goodstein, David and James Woodward. 1999. "Inside Science." *American Scholar* 68 (4): 83–90.

Graef, Crystal. 1991. *In Search of Excess: The Overcompensation of American Executives.* New York: Norton.

Graetz, Michael J. and Ian Shapiro. 2005. *Death by a Thousand Cuts: The Fight over Taxing Inherited Wealth.* Princeton, NJ: Princeton University Press.

Hanish, Christine, John J. Horan, Beth Keen, Carolyn Cox St. Peter, Sherry Dyche Ceperich, and Julie F. Beasley. 1995: "The Scientific Stature of Counseling Psychology Training Programs." *Counseling Psychology* 23 (1): 82–101

Hall, Robert and Alvin Rabushka. 1995. *The Flat Tax,* 2nd edition. Stanford, CA: Hoover Institution Press.

Hearn, James. C. 1991. "Academic and Nonacademic Influences on the College Destinations of 1980 High School Graduates." *Sociology of Education* 64 (July): 158–171.

Hedström, Peter and Richard Swedberg, eds. 1998. *Social Mechanisms: An*

*Analytical Approach to Social Theory*. Cambridge University Press.

Hernandez, Donald J. and Suzanne Macartney. 2008. "Racial–Ethnic Inequality in Child Well–Being from 1985–2004." FCD Policy Brief #9. New York: Foundation for Child Development.

Hofstadter, Richard. 1992. *Social Darwinism in American Thought*. Boston: Beacon.

Homer–Dixon, Thomas. 2007. "A Swiftly Melting Planet." *New York Times*, October 4, A29.

Howley, Craig. 2001. "The Matthew Principle: A West Virginia Replication?" *Education Policy Analysis Archives* 3 (18). Available online at http://epaa.asu.edu/epaa/v3n18.html (accessed July 31, 2008).

Huber, Joan C. 1998. "Cumulative Advantage and Success–Breeds–Success: The Value of Time Pattern Analysis." *Journal of the American Society for Information Science* 49 (5): 471–476.

Hunt, James G. and John D. Blair. 1987. "Content, Process, and the Matthew Effect among Management Academics." *Journal of Management* 13 (2): 191–210.

Hulse, Carl and David M. Herszenhorn. 2008. "G.O.P. Exodus in House Bodes Ill for Fall Success." *New York Times*, January 31, A16.

Ishaq, Ashfaq. 2001. "On the Global Digital Divide." *Finance and Development: A Quarterly Magazine of the IMF* 36 (3). Available online at http://www.imf.org/external/pubs/ft/fandd/2001/09/Ishaq.htm (accessed June 2, 2009).

Jencks, Christopher. 1987. "The Politics of Income Measurement." In *The Politics of Numbers*, ed. William Alonso and Paul Starr, 83–131. New York: Russell Sage.

Johnston, David Cay. 2001. "Dozens of Rich Americans Join in Fight to Retain the Estate Tax." *The New York Times*, February 14, A1.

_. 2003. *Perfectly Legal*. New York: Portfolio.

__. 2005. "Richest Are Leaving Even the Rich Far Behind." In *Class Matters*, 182–191. New York: Times Books/henry Holt.

__. 2007. "Report Says That the Rich Are Getting Richer Faster, Much Faster." *New York Times*, December 15, C3.

Jones, Barrie W. 2007. *Discovering the Solar System*. Hoboken, NJ: Wiley and Sons.

Kanter, Rosabeth Moss. 1977. *Men and Women of the Corporation*. New York: Basic Books.

__. 2004. *Confidence: How Winning and Losing Streaks Begin and End*. New York: Crown.

Keister, Lisa A. 2000. *Wealth in America: Trends in Wealth Inequality*. Cambridge: Cambridge University Press.

__. 2005. *Getting Rich*. New York: Cambridge University Press.

Kennickell, Arthur B. 2009. "Ponds and Streams: Wealth and Income in the U.S., 1989 to 2007." Federal Reserve Board Finance and Economics Discussion Series. Available online at http://www.federalreserve.gov/pubs/feds/2009/200913/ (accessed May 13, 2009).

Kerckhoff, Alan C. and Elizabeth Glennie. 1999. "The Matthew Effect in American Education." *Research in Sociology of Education and Socialization* 12: 35–66.

Kinsley, Michael. 1995. "The Flat Tax Society." *New Yorker*, May 1, 8–9.

__. 2001. "Shining C: Land of Opportunity, Bush-Style." *Slate*, July 6. Available at www.slate.com (Accessed May 13, 2009).

Knapp, Peter. 1999. "Evolution, Complex Systems and the Dialectic." *Journal of World-Systems Research* 5 (1): 74–103. Available online at http://www.jwsr.ucr.edu/archive/vol5/number1/v5n1a4.php (Accessed September 11, 2009).

Koch, Wendy. 2008. "Minority Kids Make Healthy Gains." *USA Today*, January 28, 1.

Kochhar, Rakesh. 2004. *The Wealth of Hispanic Households: 1996 to 2002*. Washington, DC: Pew Hispanic Center. Available online at http://pewhispanic.org/files/reports/34.pdf (accessed August 1, 2008).

Kozol, Jonathan. 1991. *Savage Inequalities: Children in America's Schools*. New York: Crown.

Krugman, Paul. 2001. "An Injured City." *New York Times*, October 3, A23.

_. 2004. "The Death of Horatio Alger." *Nation*, January 5, 16-17.

Kuznets, Simon. 1955. "Economic Growth and Income Inequality." *American Economic Review* 45 (1): 1-28.

Landes, David. 1998. *The Wealth and Poverty of Nations*. New York: Norton.

Lenski, Gerhard. 1966. *Power and Privilege*. New York: McGraw-Hill.

Lenski, Gerhard and Jean Lenski. 1970. *Human Societies*. New York: McGraw-Hill.

Leonhardt, David. 2003. "Gap between Pay of Men and Women Smallest on Record." *New york Times*, February 17, 1ff.

Lerner, Melvin J. 1980. *The Belief in a Just World: A Fundamental Delusion*. New York: Plenum Press.

Levesque, Jeri. 2000. "Across the Great Divide." *Focus on Basics* 4 (C). Available online at http://www.gse.harvard.edu/~ncsall/fob/2000/levesque.html (accessed August 1, 2008).

Lievrouw, Leah A. 2000. "New Media: Networks vs. Bow Ties: Metaphors for the New Media Landscape." *International Communication Association Newsletter* 28 (3): 6-7.

Link, Bruce and Barry Milcarek. 1980. "Selection Factors in the Dispensation of Therapy: The Matthew Effect in the Allocation of Mental-Health Resources."

*Journal of Health and Social Behavior* 21 (3): 279–290.

Long, J. Scott. 1990. "The Origins of Sex Differences in Science." *Social Forces* 68 (4): 1297–1315.

__. 1992. "Measures of Sex Differences in Scientific Productivity." *Social Forces* 71 (1): 159–178.

Lowenstein, Roger. 2007. "The Inequality Conundrum." *New York Times Magazine,* June 10, 11ff.

Mansson, Sven–Axel and Ulla–Carin Hedin 1999. "Breaking the Matthew Effect: On Women Leaving Prostitution." *International Journal of Social Welfare* 8 (1): 57–67.

Machiavelli, Niccolo. 1981 [1532]. *The Prince.* Trans. Daniel Donno. Toronto: Bantam.

Martell, Richard F., David M. Lane, and Cynthia Emrich. 1996. "Male–Female Differences: A Computer Simulation." *American Psychologist* 51 (2): 157–158.

Marwah, Sanjay and Mathieu Defleur. 2006. "Revisiting Merton: Continuities in the Theory of Anomie–and–Opportunity Structures." In *Sociological Theory and Criminological Research: Views form Europe and the United States,* ed. Mathiew Defleur, 57–76. Amsterdam: Elsevier/JAI Press.

Marx, Karl. 1967 [1867]. *Capital.* New York: International.

Marx, Karl and Frederick Engels. 1955 [1848]. *The Communist Manifesto.* Arlington Heights, IL: Harlan Davidson.

McCaffery, Edward J. 2002. *Fair Not Flat: How to Make the Tax System Better and Simpler.* Chicago: University of Chicago Press.

McClelland, David. 1961. *The Achieving Society.* Princeton, NJ: Van Nostrand.

McMahon, Martin J. Jr. and Clarence J. TeSelle. 2004. "The Matthew Effect and Federal Taxation." Paper presented at Boston College Law Review Symposium, February.

Meadows, Donella, Dennis Meadows, Jorgen Randers, and William W. Behrens, III. 1972. *The Limits to Growth*. New York: Universe Books.

Mehrabian, Albert. 1998. "Effects of Poll Reports on Voter Preferences." *Journal of Applied Social Psychology* 28 (23): 2119-2130.

Merton, Robert K. 1936. "The Unanticipated Consequences of Purposive Social Action." *American Sociological Review* 1 (6): 894-904.

_. 1938. "Social Structure and Anomie." *American Sociological Review* 3: 672-682. Revised and reprinted in *Social Theory and Social Structure* (New York: Free Press, 1968), 185-214.

_. 1942. "Science and Technology in a Democratic Order." *Journal of Legal and Political Sociology* 1: 15-26. Reprinted as "The Normative Structure of Science" in *The Sociology of Science: Theoretical and Empirical Investigations* (Chicago: University of Chicago Press, 1973), 267-278.

_. 1948. "The Self-Fulfilling Prophecy." *Antioch Review* (Summer): 193-210. Reprinted in *Social Theory and Social Structure* (New York: Free Press, 1968), 475-490.

_. 1968a. "The Matthew Effect in Science: The Reward and Communication Systems of Science." *Science* 199 (January 5): 55-63.

_. 1968b. "Manifest and Latent Functions." In *Social Theory and Social Structure*, 73-138. New York: Free Press.

_. 1968c. "On Sociological Theories of the Middle Range." In *Social Theory and Social Structure*, 39-72. New York: Free Press.

_. 1973. *The Sociology of Science: Theoretical and Empirical Investigations*, ed. Norman W. Storer. Chicago: University of Chicago Press.

_. 1979. *The Sociology of Science: An Episodic Memoir*. Carbondale, IL: Southern Illinois University Press. Quoted in Robert K. Merton, "Opportunity Structure." In *The Legacy of Anomie Theory*, ed. F. Adler and W.S. Laufer, 2-77. New Brunswick, NJ: Transaction Publishers.

___. 1988. "The Matthew Effect in Science, II: Cumulative Advantage and the Symbolism of Intellectual Property." *Isis* 79: 606–623.

___. 1995a. "Opportunity Structure: The Emergence, Diffusion, and Differentiation of a Sociological Concept, 1930s–1950s." In *The Legacy of Anomie Theory*, ed. Freda Adler and William S. Laufer, 2–78. New Brunswick, NJ: transaction Publishers.

___. 1995b. "The Thomas Theorem and the Matthew Effect." *Social Forces* 74 (2): 379–422.

___. 1997. "On the Evolving Synthesis of Differential Association and Anomie Theory: A Perspective from the Sociology of Science." *Criminology* 35 (3): 517–525.

___. 1998. "Unanticipated Consequences of Kindred Sociological Ideas: A Personal Gloss." In *Robert K. Merton and Contemporary Sociology*, Carlo Mongardini and Simonetta Tabboni, eds., 295–318. new Brunswick, NJ: transaction Publishers.

Mills, C. Wright. 1959. *The Sociological Imagination*. London: Oxford University Press.

Moureau, Magdalene. 1987. "Cost and Know–How: The Matthew Effect in Information Retrieval." *Online Review* 11 (6): 355–360.

Murphy, Liam and Thomas Nagel. 2002. *The Myth of Ownership: Taxes and Justice*. New York: Oxford University Press.

Murray, Charles. 2003. *Human Accomplishment*. New York: HarperCollins.

Myrdal, Gunnar. 1939. *Monetary Equilibrium*. London: W. Hodge.

___. 1944. *The American Dilemma*. New York: Harper and Row.

___. 1957. *Rich Lands and Poor*. New York: Harper and Row.

___. 1970. *The Challenge of World Poverty*. New York: Pantheon.

Nasar, Sylvia. 1992. "The 1980s: A Very Good Time for the Very Rich." *New*

*York Times*, March 5, 1Aff.

National Assessment of Educational Progress. 2005. *NAEP 2004 Trends in Academic Progress*. Washington, DC: U.S. Department of Education. Available online at http://nces.ed.gov/nationsreportcrd/pdf/main2005/2005463.pdf (accessed July 12, 2008).

National Telecommunications and Information Administration (NTIA). 1999. "Falling Through the Net: Defining the Digital Divide. A Report on the Telecommunications and Information Technology Gap in America. July, 1999." Washington, DC: U.S. Department of Commerce. Available online at http://www.ntia.doc.gov/ntiahome/fttn99/contents.html (accessed August 1, 2008).

Nuttall, Christine. 1996. *Teaching Reading Skills in a Foreign Language*. Oxford: Heinemann.

Oliver, Melvin L. and Thomas M. Shapiro. 1995. *Black Wealth/White Wealth*. New York: Routledge.

_. 2006. *Black Wealth/White Wealth*, 2nd edition. New York: Routledge.

Olson, Alexandra. 2001. "Poverty Summit Has Grim Forecast." *The San Antonio Express-News* (Associated Press), July 14: 23A.

Pager, Devah. 2007. *Marked: Race, Crime and Finding Work in an Age of Mass Incarceration*. Chicago: University of Chicago Press.

Palen, J. John. 2005. *The Urban World*, 7th edition. New York: McGraw-Hill.

Parsons, Talcott. 1951. *The Social System*. Glencoe, IL: Free press.

Pew Charitable Trusts. 2007. *Pew Internet and American Life Project*. Philadelphia: Pew Charitable Trusts. Available online at http://pewinternet.org/index.asp (accessed August 10, 2008).

Phillips, Kevin. 2002. *Wealth and Democracy*. New York: Broadway Books.
Pickens, T. Boone. 2008. *The First Billion is the Hardest*. New York: Crown.

Piketty, Thomas and Emmanuel Saez. 2003. "Income Inequality in the United States, 1913–1998." *Quarterly Journal of Economics* 118 (February): 1–39.

Postrel, Virginia. 2002. "The Rich Get Richer and the Poor Get Poorer. Right? Let's Take Another Look." *New york Times*, August 15, C2.

Putnam, Robert. 2000. *Bowling Alone: The Collapse and Revival of American Community*. New York: Simon and Schuster.

Rawls, John. 1999. *A Theory of Justice*. Cambridge, MA: Harvard University Press.

Reiman, Jeffrey. 2001. *The Rich Get Richer and the Poor Get Prison*, 6th edition. Boston. Boston: Allyn and Bacon. Quoted by permission of the publisher.

Rigney, Daniel. 2001. *The Metaphorical Society*. Lanham, MD: Rowman and Littlefield.

Rosen, Sherwin. 1981. "The Economics of Superstars." *American Economic Review* 71 (5): 845–858.

Rosenthal, Robert and Lenore Jacobson. 1968. *Pygmalion in the Classroom: Teacher Expectation and Pupils' Intellectual Development*. New York: Holt, Rinehart and Winston.

Ross, C.E. and C.L. Wu. 1996. "Education, Age, and the Cumulative Advantage in Health." *Health and Social Behavior* 37 (1): 104–120.

Rossiter, Margaret. 1993. "The–Matthew–Matilda Effect in Science." *Social Studies of Science* 23 (2): 325–341.

_. 1995. *Women Scientists in America*. Baltimore, MD: Johns Hopkins University Press.

Rostow, Walt Whitman. 1960. *The Stages of Economic Growth*. Cambridge: Cambridge University Press.

_. 1980. *Why the Poor Get Richer and the Rich slow Down*. Austin: University of Texas Press.

Rubin, Zick and Letitia Anne Peplau. 1975. "Who Believes in a Just World?" *Journal of Social Issues* 31 (3): 65–89.

Ryscavage, Paul. 1999. *Income Inequality in America*. Armonk, NY: M.E. Sharpe.

Saez, Emmanuel. 2005. "Top Incomes in the United States and Canada over the Twentieth Century." *Journal of the European Economic Association* 3 (2–3): 402–411.

Sala−i−Martin, Xavier. 2002. "The Disturbing 'Rise' of Global Income Inequality." Working Paper no. 8904. Cambridge, MA: National Bureau of Economic Research. Available online at http://papers.nber.org/papers/W8904 (accessed August 1, 2008).

Salganik, Matthew J., Peter Sheridan Dodds, and Duncan J. Watts. 2006. "Experimental Study of Inequality and Unpredictability in an Artificial Cultural Market." *Science* 10 (February 10): 854–856.

Samuelson, Robert J. 2001. "Indifferent to Inequality? Americans Care Less about the Gap between the Rich and the Poor than about Just Getting Ahead." *Newsweek*, May 7, 45.

_. 2002a. "Trickle−Up Recovery." *Washington Post*, March 6, A19.

_. 2002b. "Debunking the Digital Divide." *Washington Post*, March 20, A33.

Schott, Thomas. 1998. "Ties between Center and Periphery in the Scientific World− System: Accumulation of Rewards, Dominance and Self−Reliance in the Center." *Journal of World−Systems Research* 4 (2): 112–144.

Schumpeter, Joseph. 1942. *Capitalism, Socialism and Democracy*. New York: Harper and Brothers.

Scott, John. 1995. *Sociological Theory: Contemporary Debates*. Brookfield, VT: Edward Elgar.

SEDL (Southwest Educational Development Laboratory). 2001. "Glossary of Reading−Related Terms." Austin, TX: SEDL. Available online at http://www.sedl.org/reading/framework/glossary.html (accessed August 1, 2008).

Selingo, Jeffrey and Jeffrey Brainard. 2006. "Spacial Report: The Rich–Poor Gap Widens for Colleges and Students." *Chronicle of Higher Education* 52 (April 7): 1ff.

Sen, amartya. 1997 [1973]. *On Economic Inequality.* New York: Oxford.

Shapiro, Thomas M. 2001. "The Importance of Assets." In *Assets of the Poor,* ed. Thomas M. Shapiro and Edward N. Wolff, 11–33. New York: Russell Sage Foundation.

___. 2004. *The Hidden Cost of Being African American: How Wealth Perpetuates Inequality.* New York: Oxford University Press.

Shaywitz, Bennett A., Theodore R. Holford, John H. holahan, Jack M. Fletcher, Karla K. Stuebing, David J. Francis, and Sally E. Shaywitz. 1995. "A Matthew Effect for IQ but Not for Reading: Results from a Longitudinal Study." *Reading Research Quarterly* 30 (4): 894–905.

Sherman, Lawrence. 1998. "Policing for Crime Prevention." In *Preventing Crime: What Works, What Doesn't, What's Promising,* Chapter 8. Washington, DC: National Institute for Justice. Available online at Http://www.ncjrs.org/works (accessed August 1, 2008).

Shermer, Michael. 2007. *The Mind of the Market.* New York: Henry Holt.

___. 2008. "Why Candidates Really Get Ahead." Huffington Post, January 14. Available online at www.huffingtonpost.com/micheal–shermer/why–can–didates–really–get_b_81392.html(accessed July 4, 2008).

Shipler, David K. 2005. *A Country of Strangers.* New York: Random House.

Simon, herbert. 1954. "Bandwagon and Underdog Effects and the Possibility of Election Predictions." *Public Opinion Quarterly* 18 (3): 245–253.

Singer, Peter. 1993. *Practical Ethics,* 2nd edition. New York: Cambridge University Press.

_. 2002. *One World: The Ethics of Globalization*. New Haven, CT: Yale University Press.

Skogan, Wesley. 1990. *Disorder and Decline: Crime and the Spiral of Decay in American Neighborhoods*. New York: Free Press.

Sligo, F.X. 1997. "The Matthew Effect in Information Use." *Omega* 25 (3): 301–312.

Sloman, Leon and David W. Dunham. 2004. "The Matthew Effect: Evolutionary Implications." *Evolutionary Psychology*. 2: 92–104.

Smith, Huston. 1991. *The World's Rligions*. San Francisco: HarperSanFrancisco.

Smith, R.S. 1999. "contested Memory: Notes on Robert K. Merton's 'The Thomas Theorem and the Matthew Effect.'" *American Sociologist* 30 (2): 62–77.

Solow, Robert. 1956. "A Contribution to the Theory of Economic Growth." *Quarterly Journal of Economics* 70 (1): 65–94.

Sonnert, Gerhard and Gerald Holton. 1995. *Who Succeeds in Science: The Gender Dimension*. New Brunswick, NJ: Rutgers University Press.

Sowell, Thomas. 2004. *Basic Economics: A Citizen's Guide to the Economy*, expanded and revised edition. New York: Basic Books.

Squires, Gregory, ed. 2004. *Why the Poor Pay More*. Westport, CT: Praeger.

Stanovich, Keith. 1986. "Matthew Effects in Reading: Some Consequences of Individual Differences in the Acquisition of Literacy." *Reading Research Quarterly* 21 (4): 360–407.

_. 1993. "Romance and Reality." *Reading Teacher* 47 (4): 280–291.

Stinchecombe, Arthur. 1968. *Constructing Social Theories*. New York: Harcourt, Brace and World.

Storer, Norman W. 1973. "Prefatory Note." In *Robert K. Merton, The Sociology of Science: Theoretical and Empirical Investigations* (Chicago: University of Chicago

Press), 415–418.

Tang, Thomas Li-Ping. 1996. "Pay Differentials as a Function of Rater's Sex, Money Ethic, and Job Incumbent's Sex: A Test of the Matthew Effect." *Journal of Economic Psychology* 17 (1): 127–144.

Thornton, Saranna. 2007. "Annual Report on the Economic Status of the Profession, 2006–7." *Academe* 9 (2): 21–34.

Thurow, Lester. 1980. *The Zero-Sum Society.* New York: Basic.

Toobin, Jeffrey. 2003. "Annals of Law: The Great Election Grab." *New Yorker,* December 8, 63ff.

Trow, Martin. 1984. "The Analysis of Status." In *Perspectives in Higher Education,* ed. Burton C. Clark, 132–164. Berkeley: University of California Press.

Tumin, Melvin. 1953. "Some Principles of Stratification: A Critical Analysis." *American Sociological Review* 18 (4): 387–394.

Turner, Jonathan H. 1984. *Societal Stratification.* New York: Columbia University Press.

United Nations Development Programme. 2002. *Human Development Report.* New York: Oxford University Press.

University of California Atlas of Global Inequality. 2008. "Debate about Income Inequality." Santa Cruz, CA: University of California. Available online at http://ucatlas.ucsc.edu/income/debate.html (accessed August 2, 2008).

Valian, Virginia. 1999. *Why So Slow? The Advancement of Women.* Cambridge, MA: MIT Press.

Veblen, Thorstein. 1915. *Imperial Germany and the Industrial Revolutions.* New York: MacMillan.

Velasco, Andres. 2002. "The Dustbin of History: Dependency Theory." *Foreign Policy* 133 (November/December): 44–45.

Veugelers, Reinhilde and Katrien Kesteloot. 1996. "Bargained Shares in Joint Ventures among Asymmetric Partners: Is the Matthew Effect Catalyzing?" *Journal of Economics* 64 (1): 23-51.

Walberg, Herbert J. and Shiow-Ling Tsai. 1983. "Matthew Effects in Education." *American Educational Research Journal* 20 (3): 359-373.

Walden, Graham. 1996. Polling and Survey Research Methods: 1935-1979: *An Annotated Bibliography*. Westport, CT: Greenwood Press.

Wallerstein, Immanuel. 1976/1980. *The Modern World System*, 2 vols. New york: Academic.

Wallis, Jim. 2005. *God's Politics*. San Francisco: HarperSanFrancisco.

Watts, Duncan. 2007. "Is Justin Timberlake a Product of Cumulative Advantage?" *New York Times Magazine*, April 15, 22-25.

Weber, Max. 1946 [1922]. "Class, Status and Party." In *From Max Weber*, ed. Hans Gerth and C. Wright Mills, 180-195. Oxford: Oxford University Press.

_. 1958 [1905]. *The Protestant Ethic and the Spirit of Capitalism*, trans. Talcott Parsons. New York: Scribner.

Wiener, Norbert. 1961 [1948]. *Cybernetics*, 2nd edition. Cambridge, MA: MIT Press.

Wilson, William Julius. 1987. *The Truly Disadvantaged*. Chicago: University of Chicago Press.

_. 1996. *When Work Disappears*. New York: Random House.

Wolff, Edward N. 1995/2002. *Top Heavy: The Increasing Inequality of Wealth in America and What Can Be Done About It*. New York: New Press.

Woo, Lillian G., F. William Schweke, and David E. Buchholz. 2004. *Hidden in Plain Sight: A Look at the $335 Billion Federal Asset-Building Budget*. Washington, DC: Corporation for Enterprise Development. Available online at www.cfed.org/publications/Hidden%20in%20Plain%20Sight%20Summary.pdf (accessed August 1, 2008).

World Bank. 2002. *World Development Indicators* 2002 (CD-ROM). Washington, DC: World Bank.

Zuckerman, Harriet A. 1965. "Nobel Laureates: Sociological Studies of Scientific Collaboration." Ph.D. dissertation, Department of Sociology, Columbia University.

_. 1968. "Patterns of Name-Ordering among Authors of Papers: A Study of Social Symbolism and its Ambiguity." *American Journal of Sociology* 74 (3): 276–291.

_. 1972. "Interviewing an Ultra-Elite." *Public Opinion Quarterly* 36 (2): 159–175.

_. 1977. *Scientific Elite: Noble Laureates in the United States.* New York: Free Press.

_. 1987. "Persistence and Change in the Careers of Men and Women Scientists and Engineers." In *Women: Their Underrepresentation and Career Differentials in Science and Engineering,* ed. L.S. Dixon, 123–156. Washington, DC: National Technical Information Services.

_. 1998. "Accumulation of Advantage and Disadvantage: The Theory and Its Intellectual Biography." In *Robert K. Merton and Contemporary Sociology,* ed. C. Mongardini and S. Tabboni, 139–162. New Brunswick, NJ: Transaction.

Zuckerman, Harriet A. and Robert K. Merton. 1972. "Age, Aging, and Age Structure in Science." In *Aging and Society, Vol. 3: A Theory of Age Stratification,* ed. Matilda W. Riley, Marilyn Johnson, and Anne Foner, 292–356. New York: Russell Sage Foundation. Reprinted in Robert K. Merton, *The Sociology of Science: Theoretical and Empirical Investigations* (Chicago: University of Chicago Press, 1973), 497–559.

Zuckerman, Harriet A., Jonathan R. Cole, and John T. Bruer, eds. 1991. *The Outer Circle.* New York: Norton.